Claus-Peter Lieckfeld

Rinaldo ist ein Esel

Zehn ungewöhnliche Tierporträts

Rasch und Röhring Verlag

Fotonachweis:
*Seite 8: J. Weber/WILDLIFE, Seite 24: Elke Franz, Seite 36: Eva Leitolf/VISUM,
Seite 48: Elke Franz, Seite 62: D. J. Cox/WILDLIFE, Seite 66: Elke Franz,
Seite 76: NAS/T. McHugh/OKAPIA, seite 88: K. Kiuntke/WILDLIFE,
Seite 98: Vivek R. Sinha/ WILDLIFE, Seite 106: Anup Shah/WILDLIFE*

Die Deutsche Bibliothek – CIP-Einheitsaufnahme

Lieckfeld, Claus-Peter:
Rinaldo ist ein Esel:
Zehn ungewöhnliche
Tierporträts / Claus-Peter Lieckfeld. – Hamburg: Rasch und Röhring, 1996
ISBN 3-89136-594-2

Copyright © 1996 by Rasch und Röhring Verlag, Hamburg
Großer Burstah 42, 20457 Hamburg, Fax 040/37 13 89
Umschlaggestaltung: Peter Albers unter Verwendung einer Abbildung
von Eva Leitolf/VISUM
Satzherstellung: KCS, Buchholz/Hamburg
Druck- und Bindearbeiten: Paderborner Druck Centrum, Paderborn
Printed in Germany

Besonders für Heinz Buchert

Die Tierporträts wurden zuerst im
Magazin der Süddeutschen Zeitung veröffentlicht.
Die Rabengeschichte erschien außerdem
in dem Buch »Raben über der Autobahn« im Stendel-Verlag.

Inhalt

Eine rabenschwarze Geschichte

Auch Raben brauchen einen Lebensgefährten. Das Paar vom Ahrberg war schon acht Jahre zusammen. Dann ließen sich die beiden auf ein gefährliches Spiel ein.

Mit dem ersten Licht kamen die Raben. Sicher, es war beschwerlich, sich aufzuschwingen, wenn auf dem Gefieder noch lag, was die kalte Aprilnacht ausgeatmet hatte. Und es kostete Überwindung, hinabzutauchen, dorthin, wo sich Bäume und Schatten verfilzten. Aber die beiden vom Ahrberg hatten gelernt zu tun, was das Gefühl verbieten will. Die schlichten Vögel dagegen waren nie frei für ein Wagnis. Sie stoben davon, wenn irgend etwas in ihnen Alarm schrie, jeder blöde Eichelhäher machte sie kirre, sie flatterten auf, wenn alles aufflatterte ... Krähen halt. Die zwei vom Ahrberg waren Raben.

Ihr Wagnis des Morgenfluges wurde belohnt, sooft sie es unternahmen. In der halben Stunde, in der keiner sagen kann, ob es noch Nacht oder schon Tag ist, in der die Eulen das eine und die Singvögel das andere behaupten, in dieser kurzen Zwischenzeit, die keinem Vogel ganz gehört, lag viel Fleisch herum. Manchmal sahen die zwei vom Ahrberg es schon, wenn sie über die Buchenkuppe hinwegtauchten, von wo sich die lange graue Gerade abwärts neigt. Die Zerschmetterten lagen meist auf der waldabgewandten Seite; denn

9

der Autozustrom in die große Stadt war in der Nacht stärker als der Abstrom.

Die beiden verständigten sich meist mit einem kurzen Klong, wenn der eine etwas eräugt hatte. Der andere stellte dann die großen Handschwingen etwas steiler an, so daß es ihn eine Rabenspannweite emporhob. Das hieß: Richtig, ich sehe es auch – klong, klong. Wenn erst das Frühlicht die Buchenstämme hartzeichnete, waren sie alle da, die Lästigen. Die Bussarde, die Elstern, die ganze lärmige, bucklige Verwandtschaft. Sicher, sie ließen sich verscheuchen, man mußte nur den Schnabel wie zur Ausholbewegung halb in den Nacken legen. Aber es war lästig.

Die Kaninchen, die Hasen und Wiesel waren meist schon zerfleddert. Die Augen hatten sich nichtsnutzige Rabenkrähen herausgepickt, die Därme hingen im Gras, auf dem ein beißender Geschmack lag. Nein, das Risiko des Halbblindfluges zahlte sich aus. Und außerdem war das graue Band noch leidlich still. Kam aber die Stunde, in der die Rasenden ihre Feueraugen schlossen – diese Tiere, die zerschmetterte Beute achtlos liegenließen –, dann wurde es ungemütlich und hektisch. Es war zwar seit Rabengedenken nie geschehen, daß ein Rasender ihnen einen Kadaver streitig gemacht hätte. Aber sie taten Dinge, die seltsam waren.

Im frühen Tageslicht kamen sie zuhauf, sie jagten sich, ohne sich zu töten. Und einmal, nur ein einziges Mal, hatte sich ein Rasender ins Holz gestürzt und Feuer gespien und dabei geschrien wie der Donner im August. Es war sicher ein Vorteil, von ihnen so wenige wie möglich zu treffen. Sie waren nützlich, und sie ernährten die zwei vom Ahrberg nun schon einige Jahre zuverlässig. Aber sie waren nicht gut. Auch wenn sie schneller liefen, als ein Falke fliegt.

Sie waren einfach auf eine impertinente Art schneller, diese gabelschwänzigen Gaukler, die mit hassendem Flügelpfeifen auf einen herabschossen, nur, um im allerletzten Sekundenbruchteil, auf Federbreite, auszuweichen und mit einem Hohnschrei vorbeizustürzen. Die Zwei vom Ahrberg hatten sich an dieses Hassen gewöhnt. Scheinangriffe sind Scheinangriffe. Nicht mehr. Kein Roter Milan, kein Bussard und erst recht kein kleinwüchsiger Falke würde es wagen, seine Kralle tatsächlich in ihr Gefieder zu schlagen. Die schiere Größe der Schwarzen, die sich rundende Kraft ihrer Flügelschläge, war für jeden Greif Abstandssignal genug. Im übrigen konnte man sich als Rabe auf ihre Reaktionsgeschwindigkeit verlassen. Ein echter Angriff war so gut wie ausgeschlossen.

Aber lästig waren sie. Unendlich lästig. Die Ahrbergwiese, welche die Zwei mehrmals täglich überflogen, betrachtete der Milan als das sensibelste Zentrum seines Reviers. Kaum sah er die zwei großen Silhouetten, schraubte er sich mit aberwitzigem Energieverbrauch (so, als sei Futter für ihn kein Problem!) in die Höhe, legte die rostbraunen Schwingen an den Leib und warf sich, wie sein eigenes Abwehrgeschoß, den Zwei entgegen, fing den Sturz ab, nutzte den Fallschwung zum erneuten Aufstieg und abermaligen Scheinangriff. Drei, vier Mal.

Es war Teil einer nie getroffenen Verabredung, daß die Zwei nicht reagierten, sondern gleichmäßig rudernd dem Wiesenrand zustrebten. Die Prozedur war ja bekannt. Spätestens über den Buchenwipfeln würde der Rote abziehen und mit minimalistischem Flügelschlag verschwinden. Er hatte die Raben vertrieben, eine andere Sicht der Dinge gab es nicht.

An diesem Morgen, an dem für die Zwei vom Ahrberg die Strecke der Erschlagenen unerfreulich dünn war, an dem noch dazu ein

Rasender dem Raben bedrohlich nahegekommen war als er sich mühte, ein breitgefahrenes Kaninchen von der Fahrbahn zu kratzen, an diesem unguten Morgen, reagierte der Rabe ein einziges Mal anders: nicht gleichmütig wie stets. Vielleicht verursachte der Resthunger mit dem er eben aufgeflogen war, eine Unsicherheit, vielleicht war es auch nur ein Zufall, der sich jeder Systematisierung sperrt. Jedenfalls wich der Rabe dem roten Federball mit zwei kräftigen Seitwärts-Wischern seiner Flügelschaufeln aus, noch ehe der Milan seine größte Annäherung an die Zwei erreicht hatte. Dadurch schnitt der Schwarze die Fast-Tangente des Roten. Es gab einen dumpfen Schlag, zwei braune Federn und eine schwarze wirbelten auf, der Rabe brauchte vier schnelle Schläge, um seine Stabilität zurückzugewinnen. Die Rabin war panikartig emporgeschnellt und sah, wie das rostrote Etwas zu Boden trudelte, sich fing und mit gespreizten Flügeln schwer atmend im Gras hockte. Ein abgestürzter Unberührbarer, ein zitterndes Kreuz.

Der Rabe ließ etwas kehltiefes Mißbehagen hören.

Die Rabin gab ihm Recht.

Aber das war es dann auch.

Die Tage der tragenden Luft hatten begonnen, leichte Tage für die Raben und alle großen Vögel, die sich vom Aufwind tragen lassen. Hochsommer. An diesen Tagen quoll der hebende Wind bis kurz vor Sonnenuntergang, es reichte ein knappes Anwinkeln des Handgefieders, und die Fallgeschwindigkeit schien sich umzukehren, man fiel aufwärts, und wenn man dann noch zusätzlich die Schwingen voll in den Strom stellte, ging ein Brausen durch das Gefieder, und schon eine Wende des Schnabels reichte für eine Richtungsänderung. So zu fliegen zehrte keine Kraft, Fliegen verstärkte die Kraft.

An den Wiesensäumen, insbesondere dort, wo sie an dunkle Fichtenforste grenzten, kam es leicht zu Turbulenzen, die sich allerdings für erfahrene Flieger nur in leichtem Zittern der Flügeldecken bemerkbar machten. Die zwei vom Ahrberg flogen in den Tagen der tragenden Luft bevorzugt die Wiesenränder ab. Es mußte geschehen, es war jedes Jahr mehrfach geschehen, und es würde sich auch dieses Jahr ankündigen, wie die Jahre zuvor. Es würde unsichtbar kommen, aber es würde kommen.

Ein Bussard drehte seine Spirale in ihre Zugrichtung, seine Erfahrung schien ihn daran zu erinnern, daß Raben bisweilen Dinge fanden, die selbst seine überlegenen Augen nicht sahen.

Endlich, am vierten Tag, das erlösende Signal: ein scharfer Knall, weit schärfer noch, als wenn unter Schneelast eine Kiefer bricht. Die zwei verhofften in der Luft; zwei schwarze Zeiger drehten sich synchron gegen den Wind. Im halben Sturzflug ging es hinab, die Handschwingen berührten fast die Wipfel eines Erlenbruchwaldes, eine Wiese, eine Schonung und wieder eine Wiese. Ihre Schatten flackerten über das Gras, vereinten sich zu einer Gestalt, trennten sich wieder …

Schließlich sahen die zwei, was sie erwartet hatten, erwartet, seit die Tage des tragenden Windes begonnen hatten.

In einer halb abgestorbenen Hainbuche bezogen sie Beobachtungsposten. Das Lange Tier stakste so steif, wie nur die Langen Tiere sich bewegen können, über eine Freifläche. Seine Beute, das wußten die zwei vom Ahrberg, würde nun nicht mehr entkommen. Und sie wußten auch, daß das Lange Tier nie alles mit sich fortschleifte. Sie blieben hocken, nur die schnellen Umgriffbewegungen ihrer Krallen auf dem dürren Holz der Buche verrieten ihre Erregung. Das Lange Tier riß den Rehbock bäuchlings auf, fuhr mit beiden Pranken in den Leib und zerrte Gedärm hervor. Aber anstatt zu schlingen wie jeder Fuchs oder Dachs, wuchtete es all die Köstlichkeiten beiseite. Das war unbegreiflich, und doch hatten es die zwei erwartet. So war es immer, wenn die Tage des tragenden Windes da waren. Schließlich stemmte das Lange Tier die Beute hoch, so als wollte es damit abfliegen (was ihm unmöglich war, wie die zwei wußten), und verschwand. Die zwei warteten, bis auch das Knacken im Holz verklungen war. Das Lange Tier pflegte mit jedem Schritt so zu stampfen, als wolle es einem Partner imponieren. Die zwei nickten sich zu, dann schwangen sie sich hinab, tauchten die Schnäbel in die dampfende grünrote Masse, bis sie sich zu roten Sicheln verfärbt hatten.

Im Sommer war er ein Baum wie jeder andere, etwas größer, etwas älter als die Umstehenden, die Krone, die im Hochsommer eigentlich undurchsichtig wie eine Buchsbaumhecke sein sollte, ließ im Gegenlicht zu viel Himmelblau durch. Aber es gab für die zwei keinen Grund, diese Eiche zu meiden. Nicht im Sommer.
Im Winter war das anders. Wenn sich die Eiche im Eiswind an ihr braunes Laub klammerte, kamen die anderen, die Jungen, die Wanderer, die Weitflieger. An einem bestimmten Tag waren sie da, und die zwei vom Ahrberg wußten diesen Tag, lasen ihn aus der Luftfeuchte, der Tageslänge, dem Knacken des gefrorenen Holzes und aus anderen Zeichen, die nur ein Rabe lesen kann.
Dann trug diese Eiche dicke schwarze Früchte, die der Nebel manchmal noch schemenhaft vergrößerte, vielstimmige Klongs und Quorrs wurden vom Wind verfrachtet, und ehe das zähflüssige, mühsame Winterlicht anging, teilten sich die Fremden lohnende Funde des Vortages mit.

Die zwei mieden die Eiche im Winter. Man konnte es nicht verhindern, daß man bei Kälte das Revier mit diesen Habenichtsen teilen mußte. Es gab eben Winterregeln. Aber im Sommer war diese Eiche ein anderer Ort, so wie die Luft anders war. Und darum auch geriet der Ruf der Rabin zu einer Mischung aus Droh- und Erstaunensschrei, als sie zur Unzeit in der Eiche eine Gestalt sah.

Sie legte die Flügel an, der schwarze Keil des Schwanzes fächerte sich noch eine Spur breiter auf. Dann ließ sie sich aus gut dreihundert Meter Höhe fallen. Unmittelbar vor der Gestalt machte sie auf, so daß sie für Sekundenbruchteile wie ein mächtiges Kreuz über der Eichenkrone stand.

Der Rabe, der gemeint war, duckte sich und ließ ein wehleidiges Quärren hören. Die Rabin verfiel in einen ratlosen Flatterflug, zum einen zog die Regung an ihr, den Illegitimen zu verscheuchen, zum anderen war da eine Gegenkraft, der Rest einer starken Strömung. Der Artgenosse hatte sich flach gegen den Ast gedrückt, auf dem er saß, den geöffneten Schnabel hochgestellt und in Bettelmanier halb geöffnet. Die Rabin ließ sich nun ebenfalls ins Geäst fallen. Sie tat es mit einer besitzergreifenden, wippenden Geste.

Die Situation war eindeutig und doch schwierig. Der Rabe durfte hier nicht sein, nicht hier und nicht zu dieser Zeit. Andererseits trug er einen Schnabel, den sie noch bis vor kurzem gestopft hatte: Der Fremde war fremd, aber eben nur so fremd, wie das eigene, knapp erwachsene Junge fremd sein kann.

Dieses Erkennen verbot der Rabin eine energische Attacke. Sie flog auf, beließ es aber bei einem halbherzigen Scheinangriff, der sie selbst so verwirrte, daß sie erneut ins Geäst fiel und ihr Gefieder zu ordnen begann. Zwei Regungen trafen sich in ihrer Mitte und löschten sich gegenseitig aus.

Der Illegitime wandte langsam, unendlich langsam den Kopf zur Seite und begann an seinen Flügeldecken zu zupfen. Als auch diese Demonstration seiner Harmlosigkeit die Haltung der Rabin nicht spürbar veränderte, starrte er eine Weile auf seine Füße. Aber er hielt die Pose nicht lange durch: Irgend etwas zerrte an seinem noch stumpfschwarzen Gefieder. Und das war nicht der Wind. Die Nickhaut huschte in hektischem Stakkato über die Augen, Morsezeichen einer diffusen Angst. Der spärliche Federbart an seiner Schnabelwurzel zitterte. Ein Rabe mit Bart kann nicht erwarten, noch das Privileg der Nestlinge zu genießen oder der Flüggen, die den Alten bettelnd hinterherfliegen.

Die Rabin hatte ihr Scheitelgefieder gesträubt, die Federohren hoben sich zu kleinen Hörnern, sie machte ein paar sehr steife Schrittbewegungen den Ast entlang, die Federhosen an ihren Beinen blähten sich, und zwischen ihren bösen Schluckbewegungen würgte sie ein eisiges Kokoko hervor. All das sagte dem Youngster, daß es Zeit wurde für ihn.

Er ließ sich fallen, ein menschlicher Beobachter hätte vermeint, etwas Resignierendes in seinem Abgang zu sehen. Der Jungrabe fing sich knapp über dem Boden, strich über den Adlerfarn, tauchte durch die Kiefernstämme, die das Abendrot schon am späten Nachmittag vorwegnahmen. Er gewann schnell an Höhe.

Dieser Abflug verriet der Rabin die Absicht ihres Sohnes, lange und ausdauernd in die tiefstehende Sonne zu fliegen. Irgendwo würde er eine Jugendgruppe finden, in der er all das lernte, was Rabeneltern – also gute Eltern – nicht vermitteln können.

Die Rabin verfolgte seinen geraden Kurs, bis sich der Schwarzpunkt im Abendlicht aufgelöst hatte, sehr fern, irgendwo über den Hillas-Kuhlen. Alles war wieder gut.

Die Hitze des Tages brütete ein Gewitter aus, die Vorboten zupften schon an den Buchenblättern. Und irgend etwas zerrte auch am Flugkleid des großen Raben. Kein Wind, eher ein Zittern von innen. Die Rabin ruderte auf gleicher Höhe, dicht genug, um die geweiteten Augenkreise des Partners zu erkennen. Von der Balz trennte die beiden vom Ahrberg noch der Rest des Sommers, ein ganzer Herbst und ein halber Winter. Balzstimmung konnte es nicht sein … Die Fuchsnummer!

Es bestand keine zwingende Notwendigkeit für das Wagnis der großen Fuchsnummer, es gab dieser Tage genug Kornähren, Heupferde, Mäuse, Frösche. Es war ein leichtes, im Morgengrauen die großen Sichelschnäbel in die Erde zu schlagen, wenn sie sich blumenkohlartig aus der Wiese hob, um einen Maulwurf ins Gras zu schleudern.

Es gab also absolut keine Notwendigkeit für das Wagnis der großen Fuchsnummer. Doch der Rabe hatte schon Kurs auf die alte Sandkuhle genommen, die fast wieder zugewachsen war seit den Tagen, als hier Kies für die Autobahn gebaggert wurde. Ihn trieb die pure Fluglust, und was waren schon alltägliche Gefühle wie Hunger und Kälte gegen den Rausch der Pirouetten, die Einflüsterungen des Fahrtwindes, gegen die Lust der Lüste, gegen den Sturm, den man selbst entfachte.

Hatte er es gewußt, geahnt oder nur gewünscht? Jedenfalls lief vor der Haupteingangsröhre der alten Fuchsburg jene Szene ab, die nötig war, um die große Fuchsnummer zu fliegen: Vier graubraune Welpen balgten sich um einen Kadaver, ein Kaninchen offenbar. Die beiden sahen die grotesk unökonomischen Bewegungen der Jungfüchse. Und weit und breit kein erwachsenes Tier.

Der Rabe legte die Schwingen an, der Luftstrom riß ab, und schon pfeilte der schwarze Keil abwärts. Unmittelbar über der balgenden Meute fing der Rabe den Sturz ab, die Jungfüchse traf gleichzeitig ein Luftschwall und ein röhrendes Uuu-Wäääääh aus weit aufgerissenem Rabenschnabel. Mit sanftem Knicks – dem unerhört eleganten Abschluß eines Sturzes – stand der Rabe auf dem zerfledderten Kaninchen, wippte mit dem gefächerten Schwanzkeil und schleuderte einen Kontrollblick in die Runde, während seine Partnerin im Tiefflug über den letzten Welpen dahinwischte. Der hatte in seiner Panik den Bau verfehlt und sich im Brombeergerank verrannt. Entsetzensgefiepe übertönte das Rauschen der nahen Autobahn.

Der Rabe riß einen Streifen aus dem geöffneten Kadaver, alles mußte nun schnell gehen. Doch eine Sehne hielt den Fleischlappen fest, die Touch-and-go-Landung verlängerte sich um ein, zwei Sekunden. Seine Partnerin brach die Scheinverfolgung des Welpen ab, ließ sich in ein Grünerlengebüsch fallen, das Kehlgefieder in höchster Erregung abgespreizt.

Ihr Warnsignal kam synchron mit dem langen, roten Strich herangeflogen. Der Rabe hatte gerade noch Zeit, den Fleischlappen fallen zu lassen, bevor sich etwas heiß und scharf um seinen Hals schloß. Auffliegend sah die Rabin einen schwarzroten Wirbel über die freie Sandfläche kugeln, hörte Flügelpeitschen und einen Gurgellaut, der unrabisch, unwirklich klang. Dann war es still bis auf das Rollen der Autobahn.

Die Luft war noch schwerer geworden, und über dem Wilseder Berg schleiften die Wolken schon fast über das Heidekraut. Die Rabin gewann schnell an Höhe. Erst als der Fluchtreflex nachließ und sie wieder selbst die Schlagzahl ihrer Flügelschwünge bestimmen konnte, verlangsamte sich ihre Flucht, wurde zu einer langgezogenen, ratlosen Gebärde. Die Rabin zog eine große, traurige

Schleife rückwärts. Ihr Ruf fiel aus einiger Höhe ins Leere. Zum erstenmal seit acht Jahren. Wie eine schwarze Feder zur Zeit der Mauser.

Die Dutzend Dinge, die man tut: sich auf einen federnden Ast ducken und das Hochschnellen des Zweiges als Starthilfe nutzen, mit geöffnetem Schnabel fliegen, um die Tautropfen des Nebels zu trinken, die Schwingen starr in den Wind halten und nur mit dem großen Federkeil steuern … All die Dinge eines Rabenalltags verstanden sich nicht mehr von selbst. Der große, schwarze Begleitschatten fehlte, ließ sich nicht herbeirufen, so sehr sie auch seinen Rabenbaß imitierte.

Seine Lieblingssitze waren leer, die Eiche mit der kahlen Krone, die große Buche, die sich schwer in den Wind gelegt hatte, nachdem man ihr den umgebenden Schutz weggeschlagen hatte, der Zaunpfahl am Wiesenende, Lieblingswarte auch von Bussard und Milan, gerade dort, wo die Ahrberg-Westflanke an Grünland stößt. Das Klong-Klong fiel ins Leere, rieselte durch die Buchendome, verfing sich in den taunassen Spinnennetzen der Heide.

Die Zeichen, die Gewißheit geben, waren nicht lesbar für eine Rabin: Fast im Zentrum der verwachsenen Kieskuhle, direkt an der Autobahn, lag ein wüster schwarzer Federhaufen. Zwei Elstern balgten sich um das bißchen Fleisch, das noch an den Knochen hing. Zuwenig, als daß ein Fuchs die Reste verteidigen würde. Zuviel, um ungenutzt zu verwesen. Was die Elstern übrigließen, würden die Ameisen holen, in langen Expeditionen. Spätestens die Augustwinde würden die Federn zerstreut, der Novemberregen die Stätte abgewaschen haben.

Die Rabin spürte eine Schwäche, wie sonst nur an langen, hungrigen, kalten Wintertagen. Der Drang, fressen zu müssen, überwand die Antriebslähmung, durchbrach die Stereotypie, die sie im Kreis dirigierte, von der kahlen Eiche zur schiefen Buche, zum Zaunpfahl, dessen weißkalkige Haube noch aus großer Höhe zu erkennen war. Die Rabin wählte die leichteste Quelle. Im Frühlicht saß sie auf der Garbers-Scheune, wie eine große Krähe unter Krähen, den Kopf dem Dorfbach zugewandt, dessen Feldsteinkorsett man vor einigen Jahren etwas gelockert hatte. Alle warteten stumm. Schließlich kamen die Schreie, kurz hintereinander. Wenig später spuckte das Rohr, nur schlecht von überhängenden Weiden getarnt, Blut in die Schmale Aue.

Ehe die Rabin zur Stelle war, tauchten zwei Ratten auf und stürzten sich besinnungslos in die rote Brühe. Die dampfte und verteilte sich fettäugig im Bachwasser. Wenig später ploppten die ersehnten dicken Fettfetzen durchs Rohr. Die Rabin schluckte drei, vier. Vertrieb mit kurzen, trockenen Hieben die Ratten, hielt ein paar Krähen auf Distanz. Dazu reichte ihr jeweils eine kaum angedeutete Ausholbewegung mit dem Schnabel. Jede Krähe versteht ein wenig Rabisch.

Dann erhob sich die Rabin, zog einen weiten Bogen über dem Dorf. Über dem Kirchturm ließ sie sich von einem beständigen Ostwind erfassen und abtreiben, weit über die Reviergrenzen hinaus. Flügelträge und leer trotz des gefüllten Magens segelte sie über den Töps, das Grenzgebiet, das die anderen beanspruchten. Aber die anderen waren offenbar noch nicht auf den Flügeln.

Aus gut vierhundert Meter Höhe sah die Rabin die vertraute Gestalt auf dem weißen Pfahl. Sie stieß ein Begrüßungsgegurgel aus, legte die Schwingen an und ließ sich fallen wie in ein großes

Glück. Bei hundert Metern erkannte sie den Irrtum. Die Rabenkrähe floh so panisch, daß sie eine Handschwingenfeder verlor. Nie war hier eine Krähe von einem Raben angegriffen worden. Übermütige Jungbussarde? Ja, das kam vor, selbst Scheinangriffe von Wanderfalken, all das war möglich. Aber nun das?

Die Rabin setzte sich auf den Gedenkpfahl. Lange blieb sie hocken. Erst als gegen Abend ein leichter Regen aufkam, suchte sie die Trockenheit eng am Stamm einer Kiefer. Es roch nach Harz und Staub und ein wenig nach all den guten vergangenen Sommern.

Ohne großes Interesse sah die Rabin, wie sich unter ihr ein Erdhaufen aus der Wiese hob, ruckartig bröckelte die schwarze Krume ins Gras. Schließlich konnte sie der Versuchung nicht widerstehen. Sie hüpfte ins Gras, schleuderte den Schnabel mitten ins lockere Erdreich. Eine pelzige, gedrungene Gestalt kugelte ins Gras. Die Rabin hackte zu, begann aber alsbald ihr Gefieder zu ordnen, so als hätte sie nicht einen wehrlosen Blinden erledigt, sondern einen harten Kampf bestanden. Sie tat einiges in diesen Tagen, das ihr selbst neu war.

Ein Mauswiesel fand den Maulwurf, als sein Blut noch warm und dünnflüssig war.

Sie hockte auf dem weißen Pfahl und erwartete niemanden mehr. Niemanden in allernächster Zeit.

Es würde kalt werden, nicht schon morgen, aber bald. Die Sonne würde immer ein wenig länger brauchen, um die Morgennebel zu entwirren. Schließlich würde sie es aufgeben und den Tag sich selbst überlassen. Dann, mit dem ersten harten Frost, würden die anderen kommen, von Nordosten, mit langen, schweren Schlägen, denen man die Reiseentfernung anspürt. Und dieses Mal würde die

Rabin der Flugschar nicht mürrisch ausweichen wie all die Jahre zuvor. Von den zehn, zwölf Raben würde jeder behaupten, der beste zu sein. Aber nur einem würde sie es glauben. Und der würde bleiben.
Die Rabin saß lange auf dem Pfahl, den Kopf tief ins Brustgefieder gedrückt, so als wäre ihr kalt. Als wäre ihr auf eine wohlige Weise kalt.

Er hatte schon lange gewonnen. Aber er wußte es noch nicht. Deshalb ließ er sich, wie all die anderen Jungraben seiner Gruppe, aus fünfhundert, sechshundert Meter Höhe fallen, ein schwarzer Keil unter schwarzen Keilen, der um die eigene Achse wirbelte wie ein fallender Ahornsamen. Die Luft über dem Ahrberg flirrte von kehligen Gesängen eines guten Rabendutzends; und weil der Tag frostklar war, erfüllte die »Djongs« und »Klongs« die kleinen Erdmoränengräben bis weit hinab zum Dorfrand.
Die Rabin sah, was nur eine Rabin sehen konnte. Der Eine rotierte schneller, flog Doppelwirbel, wo die anderen es gerade auf halbe brachten, ließ sich tiefer fallen als die Kumpane, brach den Sturz erst ab, wenn der schwarze Keil schon die Wipfelspitzen der Buchen zu durchschlagen drohte, strebte erneut mit einem Ungestüm aufwärts, das die anderen – wiewohl selbst im Flugrausch – Abstand wahren ließ. Abstand, damit der Eine wie der Soloartist einer Flugstaffel seine Kunst vor dem Hintergrund guter Durchschnittsleistungen entfalten konnte. Eine Schwarze Messe der Lust, der Fluglust, der gegurgelten Beteuerungen eigener Vollkommenheit. Sie hatte sich nicht getäuscht. Der Eine war besser. Nicht nur ein Überflieger. Er spreizte sein Kehlgefieder in zeitlupenhaftem Schreittanz, so daß sein mächtiger Schlagschnabel und die Ohren-

büschel fast darin verschwanden. Er kannte alle vorgeschriebenen Verbeugungen, duckte sich im richtigen Takt klein und flach auf dem Boden, nur um sich dann wieder zu atemberaubender Größe aufzublasen.

Der Schreittanz der Zwei stanzte ein Muster in die Reste des Weihnachtsschnees. Eine corvidische Geheimschrift, alt wie die Linien der Eiszeit, die über diese Hügelkuppe laufen.

Fraktur für unbelesene Augen, Klarschrift für Raben. Und wie auf ein geheimes Zeichen flogen die Zwei vom Ahrberg davon.

Sie hieß Zinnober. Und sie war eine Agentin

Ein Freigehege am Stadtrand von Oxford: Forscher auf der Spur der Füchse. Eines Tages stieß eine junge Füchsin zum Rudel …

Es war laut, alles um sie herum vibrierte, und sie hatte Angst. Die Erde über ihr riß auf, ein Stein teilte sich, und eigentlich hätte Zinnobers Leben in diesem Moment zu Ende sein müssen, noch ehe es begonnen hatte. Der große, wärmende Pelz fehlte, die Mutter war nicht da, die hinausgefiepte Todesangst verrieselte im kiesigen Boden. Ein Schwall Erde sprühte in den Kessel, verschüttete zur Hälfte den letzten von vier Fuchswelpen, der hier ein zu feuchtes Frühjahr überlebt hatte.

Wenn Menschen einen Fuchsbau aufgraben, tun sie das, um zu töten. Das wußte Zinnober nicht, Menschen waren ihr kein Begriff. Füchse haben keine Begriffe, und Fuchsbabys schon gar nicht – aber sie haben ein untrügliches Gespür für Gefahr, eine Ahnung, die Zinnober wie ein Krampf von der Nasenspitze über die noch blinden Augen ins Nackenfell kroch. Milchbrei quoll ihr durch die Lefzen: geronnene Todesangst. Dann ließ eine durchschlagene Birkenwurzel die Tunnelwand zittern und krümelig zusammensacken. Ein Luftzug, wie sie ihn noch nie zuvor gefühlt hatte, schlug hart und naß und bösartig nach der Winzigkeit aus stumpfgrauem Fell.

25

Etwas griff zu, ein kurzer Schwindel, fremde Laute – dann war es wieder warm und dunkel und dumpf.

»Nur eins. Mist! Schaut mal, wie mager es ist.«

»Kein Wunder, in dem Alter überleben sie keine zwei Tage ohne Mutter.«

»Was für ein Glück, daß der Halsbandsender nicht kaputtgegangen ist, als es die Alte auf der Dorchester Road erwischt hat …«

»Mensch, mach den Rucksack nicht zu fest zu!«

Die Stimmen waren tief und hatten etwas Beruhigendes. Zinnober bohrte die Schnauzenspitze in etwas Weiches, das sich wie die Achselhöhle einer Fuchsmutter anfühlte, aber sehr anders roch. Und dann war da ein rhythmisches Schwanken, eine unbewußte Erinnerung an die Laufbewegungen, die sie vor kurzem im Uterus erlebt hatte. Zinnober fiel in tiefe Sinneslosigkeit, war nur mehr ein pochendes Stückchen Fleisch.

Wärme zu spüren und Milch zu trinken – das waren von Stund an getrennte Dinge, und eh' die sämige, süße Flüssigkeit in den Schlund rann, mußte man den abstoßenden Geschmack einer Zitze überwinden, die immer gleich und glatt blieb. Aber sie hatte auch einen Vorzug: Sie entzog sich nicht, wenn man zu ungestüm saugte. Noch immer war alles durchtränkt und fasertief gebeizt von dem einen Geruch, der nicht gewichen war, seit die Erde über Zinnober aufgebrochen war. Aber das Penetrante, das diesem Duft anhaftete, signalisierte zugleich Wärme, Sattheit, Schlaf. Nachts stöpselte Zinnober die Nase in eine weiche Höhle, ein Pochen wie mütterlicher Herzschlag übertrug sich auf die feuchte Schnauze. (*Daß der Biologe David Macdonald wochenlang mit einer Fuchswelpenschnauze im Ohr schlief, gehört zu jenen Großtaten der Biologie, die in keinem Lehrbuch erwähnt werden.*)

Eines Tages begannen die Geruchsgestalten sich zu bewegen, wurden groß, wenn die Nase schier zu bersten schien vor Nähe und verschwanden wieder mit den Riechspuren: Zinnobers Augen hatten sich geöffnet, und die Babyfüchsin starrte diffus und benommen in die Welt. Eine Welt, die keine Fuchswelt war, sondern die Wohnung eines Oxford-Gelehrten. Ihre Welt hatte ab sofort vier Dimensionen: Riechbares, Sichtbares, Hörbares, Kaubares. Sie ging so weit, wie man sich traute – und so weit, wie der Überfuchs es zuließ. Der war, das stand schon bald fest für Zinnober, gut, ungefährlich und nützlich.

Zinnober kaute wissenschaftliche Zahlenreihen durch – immer dann, wenn Macdonald, übermüdet nach einer Nacht draußen im Fuchsrevier, seine Notizbücher zu schlampig abgelegt hatte. Mit Vorliebe aber packte sie hartnäckige, sehr flache Beute, auch da, wo diese sich verzweifelt an ihre Unterlage preßte, und riß sie gnadenlos zu Boden – und Macdonald gab es bald auf, die Tapeten zu erneuern.

Zinnober vergrub wenig später Küken und verwesendes Fleisch, das der Überfuchs sich widerstandslos entreißen ließ – und der Überfuchs Macdonald lernte, daß, füchsisch gesehen, alles ein Versteck ist, in das man eintauchen kann. Und man hatte viel zu verstecken. Denn immer, wenn der Überfuchs einen beim Verstecken von Beute beobachtete, mußte man die ganze Prozedur an anderer Stelle wiederholen – raus mit dem Küken aus der Kissenfalte, runter unter den Teppich!

Und dann kam der Tag, an dem die Welt nicht mehr eine Hülle immer gleicher Gerüche und Geräusche war, sondern ein einziger niederschmetternder Angriff. Kein fester Boden mehr, sondern weicher grüner Filz. Ein unbeschreibliches Krachen, während sich Gräser bogen: Ein Laufkäfer durchpflügte die Grasnarbe. Und wäh-

27

rend man ihm noch nachschnüffelte, wurde man umspült von gelber Süße: Bärlappsporen puderten die Nase. Geräusche fluteten zusammen: das Lispeln eines Rotkehlchens, das Surren eines Elektromähers und die gleichmäßige Stimme des Überfuchses, zwischen dessen Beine man flüchten konnte, besonders dann, wenn das Schrecklichste, das Stinkendste, das Tödlichste nahte: der Hund.

Niemand hatte Zinnober vermittelt, was das Schrecklichste ist. Das Wissen darum brach wie Schüttelfrost aus der Halbwüchsigen hervor, als sie zum erstenmal von Gebell und Gestank überflutet wurde und wenig später zwei geifertropfende Zahnleisten vor sich sah. Einige tausend Fuchsgenerationen in ihr schrien auf, rissen an Zinnobers Sprunggelenken, während das Halsband ihr die Luft abschnürte. Aber ihr Überfuchs konnte sogar das Schrecklichste vertreiben, erhob sich über den Todfeind, ohne ihn totzubeißen; allein das Erheben genügte.

Vom Schrecklichsten einmal abgesehen, entpuppte sich die neue Welt als ein Gewinn. Es gab so viel zu lesen, daß einem schwindelig werden konnte. Füchse pinkelten ihre Steckbriefe an jedes erhabene Grasbüschel, kötelten Drohungen auf jeden besseren Baumstumpf: »Ich, Füchsin, sehr dominant, drahtig, gehöre hierhin!« Einige Fuchsspuren, welche die olfaktorischen Anschlagbretter umrundeten, rochen nach Furcht und Respekt. Andere eher gleichgültig. Viele Rüdenspuren. Rüden – auch das wußte Zinnober ohne belehrende Nasenstüber –, Rüden sind das Mächtigste überhaupt. Vom Überfuchs vielleicht mal abgesehen, der weder Füchsin ist noch Rüde. Oder doch beides und mehr als das.

Macdonald hätte brennend gern das Bild gesehen, das Zinnober von ihm hatte. Aber das Bild war nicht zu haben, und so hielt er sich an das analy-

tisch Abfragbare, markierte mit Fähnchen Zinnobers und fremde Urin-
marken, ferner vergrabene Mäuse sowie wieder exhumierte Beutestücke –
das Stadtrandgehölz war beflaggt mit kleinen Siegeswimpeln der Fuchs-
forschung. Der geruchsblinde Überfuchs hatte ersten Zugang in die Nasen-
welt der Füchse gefunden. Und Zinnober war seine Agentin, eine Schnüffle-
rin, die Nachrichten aus der Fuchswelt entschlüsseln half.

Als im späten Oktober die Sonne nicht mehr den Grünfilter der
Erlen durchdringen mußte, um den Boden des Fuchsgatters zu
erreichen, leuchtete Zinnobers Fell heller als das der anderen Test-
füchsinnen. In diesen Tagen gab ihr Macdonald den Namen. Wenig
später bissen die ersten Nachtfröste zu, überzogen den Boden mit
einem nie gehörten Knirschen – einem Geräusch, das nur dann da
war, wenn man sich bewegte. Ein hilfreiches Geräusch, das, sofern
man selbst still stand, den Mäusefang ungemein erleichterte. Zinnober war noch damit beschäftigt, alle Nuancen des Knirschens zu
erforschen, als Klecks erschien.

Klecks war für Zinnober vom ersten Moment an so sehr da wie noch
kein Fuchs zuvor. Groß, gelangweilt, mit unüberwindlichem Geruch, schläfrig, fordernd, was die besten Happen und die besten
Plätze anbelangte, siegesgewiß. Eine andere Dimension von Fuchs.
Ein Rüde.

Zinnober fiel vor ihm auf den Rücken, wie all die anderen Gatter-
füchsinnen, schlängelte sich rücklings mit lammfromm gewinkel-
ten Vorderläufen durchs Pfeifengras, wurde Welpe, Maus, Maulwurf, ein Nichts, roch sich mit halbgeöffnetem Rachen an seinem
Urin fast in Trance, wurde von Schauern überzogen, wenn Klecks
vorbeischnürte, ein Fuchsgott, ein Unerreichbarer.

So blieb es, bis Ende Januar eine dünne, verharschte Schneedecke
die verdrahtete Fuchswelt überzog. Raben und Krähen lungerten in

den kahlen Erlen. Es gab immer zerfledderte Bälge, die der roten Rotte keinen Biß mehr wert waren, aber einen Vogel sicher durch eine kalte Nacht bringen konnten. Die Vögel konnten an der Freßintensität der Füchse das Ende ihrer Mahlzeiten vorausahnen. Wenn auch Socke, die rangniedrigste Füchsin, nur noch lustlos im Fleisch und Gekröse herumstocherte, rückten die Schwarzen näher, hockten sich auf die Oberkante des Maschendrahtes und krächzten ihren Nachbarn ihre Ansprüche zu. So flossen die Wintertage dahin.

Doch am 2. Februar stimmte etwas nicht mit den Füchsen. Klecks schnürte vorwärts, während es ihn zugleich rückwärts zog – eine widersprüchliche Bewegung, die nur ein Fuchs ausführen kann, der einen ganz bestimmten Duft in der Nase hat. Zinnober war heiß. Und alle wußten es.

Die anderen Füchsinnen warfen sich Klecks noch aufdringlicher in den Weg, so daß er sie wie herabgefallene Äste übersteigen mußte. In immer enger werdenden Zirkeln umrundete der Rüde Zinnober, wagte es, eine Pfote auf ihren Rücken zu legen, zog sich demütig zurück, wenn sie ihn mit weit geöffnetem Rachen abwehrte. Er wachte, wenn sie sich irgendwo zum Schlafen ausgestreckt hatte, ließ ihr dann beim Fressen den Vortritt, las minutenlang in ihren Urinnachrichten, zog neue Hoffnung aus dem Duft ihrer Kothaufen und stand dann doch lange zitternd im Wind, nur um schließlich mit einem Ruck wieder in Richtung Zinnober vorzustelzen. Der Fürst bettelte.

Nach zwei Tagen und einer entscheidenden Nacht kehrte endlich wieder Ruhe ein in der Fuchskoppel der Oxford-Universität.

Fünf Welpen brachten alles durcheinander. Am wenigsten Zinnober; die Mutterschaft hatte ja nur ihren absoluten Spitzenrang bestätigt. Doch unter drei Mitfüchsinnen begann ein zähes Gebuhle um eine Festanstellung bei Zinnober: als Kindermädchen. Schließlich wurde Raclette, die Ranghöchste nach Zinnober, für würdig befunden, den Kot der noch blinden, zuckenden Stopfwürste oral zu entsorgen. Sie durfte auch die Welpenunterbäuche mit der Schnauze massieren, damit die Verdauung in Gang kam, und es wurde ihr gestattet, dem Nachwuchs zerkleinertes Huhn zuzutragen. Raclette erledigte alles, nur das Säugen mußte sie naturgemäß Zinnober überlassen. Und sie tat ihren Job mit mehr Hingabe und Perfektion als die leibliche Mutter, die sich mehr und mehr in der Rolle der Patriarchin gefiel, die genug an ihrer eigenen Würde zu tragen hat.

Mal tolerierte es Zinnober, wenn Klecks seinen Nachwuchs durch geduldiges Trillern in seine Nähe lockte, um mit ihm wilde Spiele zu treiben, mal ging sie schnirkend dazwischen. Mal durfte Klecks, überladen mit Hühnerbeinen, bis in den Bau vordringen, mal mußte er seine Gaben am Eingang ablegen, während die Gouvernante Raclette zu allen Tages- und Nachtzeiten Zugang hatte. Sie war die eigentliche Gewinnerin der demographischen Veränderung: Sie durfte es sogar wagen, Klecks wachzustupsen. Ihr Rang war von dem der Mutter kaum noch zu unterscheiden.

Die eigentliche Verliererin war Rostrot, mit der Raclette bis zuletzt um das Privileg der Kinderpflege gerangelt hatte. Über Rostrots Nasenrücken zogen sich frischvernarbte Zahnspuren; Raclette ließ keine Gelegenheit aus, sie auf ihren niedrigen Rang hinzuweisen. Und Rostrot, die immerhin fast gleichauf mit Raclette die Rangstufe unterhalb von Zinnober gehalten hatte, purzelte ans Ende der Skala, wurde zur verhuschten, mageren Ausgestoßenen, die ihre Tage damit verbrachte, zu dem Loch hinüberzustarren, vor dem das

Leben stattfand. Socke, die von Anfang an chancenlose Bewerberin um die Gouvernantenstelle, blieb ungeschoren. So verging der Sommer.

Zinnober lag in der Sonne, sah einen übellaunigen Klecks, für den seine Kinder nun zu beliebigen, rangtiefen Allerweltsfüchsen geworden waren, sah, wie er die Spielversuche einer Tochter abschlägig beschied und sich dann in den Sand rollte, den die späte Augustsonne vorgeheizt hatte. Schon bald würde sie Klecks wieder alle füchsischen Ehrerbietungen zeigen müssen: sich auf den Boden werfen, auf dem Rücken durchs Gras winden, devot und bereitwillig die besten Bissen abtreten. Zinnober wußte es, sie hatte es (im Wortsinn) im Urin. Und es wurde unabweisbarer mit jeder Farbnuance, um die das Fell ihrer Kinder roter wurde, mit jedem ihrer Mäusesprünge, die nicht mehr tapsig neben der Maus endeten, mit jedem Regenwurm, der beim Ziehen nicht mehr abriß. Der Mutterschaftsurlaub von der Etikette ging zu Ende.

Das Fuchsleben schnürte weiter seinen gewohnten Gang. Bis eines Tages – der Spätsommer stand auf der Kippe zum Frühherbst, und Zinnober hatte ihre zweite Mutterschaft hinter sich – etwas geschah, das der *Oxford Daily News* eine Nachricht wert war:

In der Nacht von Sonntag auf Montag zerstörten Unbekannte in White Mill bei Oxford eine Forschungsanlage der Biologischen Fakultät der Oxford-Universität. Ein Fuchsgatter nebst Schuppen mit wissenschaftlichem Gerät wurde zertrümmert und teils abgebrannt. Die örtliche Polizeidienststelle hält eine Täterschaft »extremistischer Tierbefreier« für möglich …

Der Brandgeruch war trotz aller Rennerei, die eine kleine Fuchsewigkeit gedauert hatte, nicht verflogen – er hatte sich in Zinnobers Fell festgehakt wie Brombeerranken. Schließlich ließ sich die Füchsin in eine eingestürzte Kaninchenröhre fallen. Eine kleine

Weile lauschte sie einem ungewohnten Geräusch, dem Pfeifen der eigenen Lungenflügel. Sie lag pfotenzuckend, bis ein gleichmäßiger Regen fiel. Der wusch langsam den Geruch aus dem Fell, und sie schob sich flach und vorsichtig aus ihrer Halbhöhle.

Zinnober irrte durch die Nacht, stocherte mit der Nase in morschen Baumstümpfen, scheuchte eine schlafende Drossel auf, die kreischend, aber unerreichbar im Gestrüpp hängenblieb, las Fuchsbotschaften, die allesamt mehr Drohung als Mitteilung waren. Schließlich fand sie einen Brombeerverhau mit reichlich Beeren gegen den schlimmsten Hunger, fraß, bis ihre Zahnleisten schwarzblau troffen, und kehrte dann zu ihrer Kaninchenbauruine zurück. Sie fiel in einen oberflächlichen Schlaf, in den noch einmal beißend und sengend das Feuer der Nacht einbrach.

Als es dämmerte, weckte der Hunger Zinnober aus ihrem unruhigen Schlaf. Die Flucht hatte alle Reserven aufgezehrt, die ihr von Mutterschaft ausgemergelter Leib mobilisieren konnte. Auf ihrer eigenen Spur schnürte sie zurück zum Brombeergesträuch. Aber was sie brauchte, war Fleisch und nicht Süßspeise.

Im Gehege war Futter immer dagewesen, man mußte es allenfalls gegen die Meute aus Schwestern und Nachwuchs verteidigen. Futter fiel herab, und oft roch es streng nach dem Überfuchs. Aber es nahm dem Hunger seinen Biß.

Zinnober stand vor einer Lichtung, hinter der Nahrung zu finden sein könnte, ein toter Eichelhäher vielleicht, ein Stück Aas, das der Dachs übriggelassen hatte. Sie wußte, daß man Freiflächen nicht überquert, sondern umgeht. Und dennoch schreckte sie davor zurück, die Aufforstungsfläche zu umrunden, die sich endlos zog und an deren Rändern zu viele nie gerochene Gerüche übereinandergeschichtet waren: ein Text mit zu vielen Fremdwörtern, ein aggressives Volksgemurmel, ein Minenfeld. Und dann tat sie etwas, was sie noch nie getan hatte: Sie fraß die Arme-Füchse-Speise. Karnickelkötel.

Das half eine Weile, aber eben nur eine Weile. Zinnober strich ziellos durch den Wald. Schließlich traf sie auf die Fährte ihrer Flucht. Wo vor Stunden noch der Brandgeruch eine unüberwindliche Barriere in den Wald gelegt hatte, war nun kaum mehr etwas zu spüren. Nur an einigen großblättrigen Farnen klebte noch etwas die Ausdünstung von Feuer …

Und plötzlich stand Zinnober flankenzitternd da, mit hoch aufgerichteten Ohren, die Rute erwartungsfroh über die Waagerechte erhoben. Welch ein Ton! – Der Klang knackender Hühnerknochen schwang darin mit, das Zipp-Geräusch abreißenden Fleisches. (*Ein Mensch an Zinnobers Stelle hätte nur den schrillen Laut von David Macdonalds Trillerpfeife gehört.*)

Zinnober flog über die Lichtung – was kein Fuchs tut, der noch bei Sinnen ist! –, durchschlug die Geruchsmauer, die nun einige hundert Meter zum Brandherd hin zurückgezogen war, sprang schließlich am Fuchs der Füchse hoch. Es roch nach kalter Asche, nach verdampfter Teerpappe … Aber all das zählte nicht. Es roch stark und beruhigend nach Überfuchs, dem einzigen Fuchs, der Hunde niederdrohen konnte, der Futter heranschleppte und Fuchsglück versprach.

Rinaldo ist ein Esel

In einem kleinen Dorf in der Toskana wird man sich noch lange an ihn erinnern, an seinen Charakter, seinen Tiefsinn, seine Hilfsbereitschaft. Eines Tages brach er nach Norddeutschland auf. Porträt eines abenteuerlichen Lebens.

Als der alte Giuseppe Vesperini starb, weinten viele in Monte Clarissa. Und die wenigen, die nicht weinten, hatten ihre Gründe – sei es, daß sie Giuseppe seinen bescheidenen Ruhm mißgönnten, sei es, daß sie noch offene Weinrechnungen gegen ihn hatten oder Forderungen wegen eines geplünderten Gemüsegartens. Doch auch die Tränenlosen tupften ihre trockenen Wangen. Denn eines war allen klar, und der Bürgermeister sprach es an Giuseppes offenem Grab aus: Irgendwann würden die verbliebenen Alteingesessenen von Monte Clarissa sich in zwei Gruppen teilen: Jene, die Giuseppes »farse« (Schnurren) noch eigenohrig und aus dessen Mund gehört hatten. Und die anderen. Die Zuspätgeborenen. Die all die Wortblitze nur erahnen konnten … Donner aus zweiter Hand …

Einer stand unbewegt am Grab. Nicht etwa, daß es ihm an Veranlassung zur Trauer gemangelt hätte; er hätte sogar mehr gehabt als alle anderen, wie sich schon bald herausstellen sollte. Rinaldo war Giuseppes Esel.

Er hatte den Verstorbenen durch dessen letzte fünf Lebensjahre buchstäblich hindurchgetragen. Die steile Stiege mit dem Rundschliff der Jahrhunderte hatte Rinaldo einige tausend Male unter seinen Hufen gehabt – in toskanischen Nächten, in mittäglicher Weißglut, im Flüsterregen, der den Spätherbst ankündigt. Vom Dorfplatz ging es in einer langen Linkskurve hinauf zu Giuseppes Wohnküche in der stillgelegten Ölmühle, und in einer langen Rechtskurve wieder hinab. Hinab hieß in neunzehn von zwanzig Fällen ins »Da Minerva«: zu Giuseppes Stammplatz zwischen langhalsigen Chiantiflaschen, Preßholzstühlen und den verblichenen Photos des einzigen Helden, den das Dorf *vor* Giuseppe hervorgebracht hatte: einen plattnasigen Burschen, der Ende der Sechziger den Aufstieg vom Dorfbolzplatz zum Verteidiger bei Inter Mailand geschafft hatte. Seit Giuseppe am Tag nach seinem 65. Geburtstag mit zwei gelähmten Beinen erwacht war, hatte er sich buchstäblich auf Eselsstelzen bewegt, überallhin, doch meist nur an den Tresen der Dorfbar »Da Minerva«. Rinaldos Beine waren Giuseppes Prothesen. Und niemanden hätte man im »Minerva« aufgefordert, seine Prothesen gefälligst vor der Bar anzubinden. (Übrigens: Rinaldo war über die Jahre der einzige Stammgast, der hier lässig unter sich lassen durfte.) Nur in die Kirche ließ sich Giuseppe von Freunden tragen, und auch das nur widerwillig. Sein diesbezügliches Einreden auf den Pater, der Gottessohn sei schließlich seit seiner Geburt an Esel gewöhnt, hatte nicht verfangen. Die Gefahr sei nicht von der Hand zu weisen, so der Pater, daß mehr Schaulustige als Gläubige zur heiligen Messe kämen, wenn ein Esel dem Hochamt beiwohne und womöglich noch bei der Segensspendung mit rostigem Tenor interveniere. Nur am Heiligen Abend durfte Rinaldo in die Kirche – als Edelkomparse neben einem Ochsen. Das Rindvieh wechselte von

Jahr zu Jahr. Ein besonders dummes hatte es sogar geschafft, die Krippe umzustoßen. Allen war es peinlich. Rinaldo war es egal. Seinem Ruf, der bedeutendste Esel der Region zu sein, konnte das Mißgeschick nicht schaden.

Es war eine gute Zeit für »Il burro di Giuseppe«. Ihm ging es in jenen fünf Jahren unter dem genialen Schwadroneur ein wenig wie der berühmten Mähre Rosinante, dem Pferd des unvergleichlichen Don Quichotte: Der Ruhm des Reiters strahlte auf das Tragtier ab. Wobei es natürlich unmöglich ist, ein Pferd mit einem Esel zu vergleichen – unmöglich aus der Sicht des Esels. Der geringstbegabte Esel der Welt kann nicht so dämlich sein wie das klügste Pferd. Seine natürliche Intelligenz hindert einen Esel daran, über kopfhohe Hindernisse zu springen, sich manierierte Schrittfolgen aufnötigen zu lassen, unsichere Brücken zu betreten oder, Gipfel des Schwachsinns, in flackerndes Gewehrfeuer hineinzugaloppieren. Menschen und Pferde sind da bekanntlich anders. Erstere überschätzen ihre Schläue, letztere ihre Fluchtgeschwindigkeit.

Nicht so ein Esel. Er zehrt noch heute von einer genetisch gefestigten Lebenserfahrung seiner Urururahnen. Und die besagt: Eine Gefahr im Keim zu erkennen ist allemal besser, als ihr in beinbrecherischem Galopp über Geröllhalden hinweg entkommen zu wollen. Für die Nachkommen, die Urururenkel in menschlichem Gewahrsam, heißt es daher noch immer: Unbekanntes und Ungewöhnliches sollte man meiden! Konsequent und mit dem gebotenen Eigensinn.

Rinaldo gehörte zu den wenigen Dingen von Wert, die Giuseppe seiner Nachbarin vermachen konnte, der fülligen Witwe eines deutschen Artillerieoffiziers, der 1944 nach einer Rotweinnacht in Marias Armen den Rückzug der großdeutschen Wehrmacht verschlafen hatte. Maria, selbst schon Anfang Siebzig, hatte die letzten Jahre all das für Giuseppe erledigt, was ein alter Mann mit zwei gelähmten Beinen nicht mehr selbst besorgen kann. Zum Dank war sie nun Besitzerin eines ausladenden russischen Samowars, einer Sammlung sauber eingeglaster tropischer Schmetterlinge, einer gewidmeten Erstausgabe von Antonio Gramscis *Il Risorgimento* … und eben auch eines kräftigen Eselwallachs. Samowar, Schmetterlinge und Gramsci ließen sich wegräumen. Aber Rinaldo hatte Ansprüche, wenngleich bescheidene. Man mußte ihn oberhalb des Dorfes anpflocken und den Pflock drei- bis viermal am Tag versetzen, damit Rinaldo satt wurde. Reiten kam nicht in Frage. Rinaldo war zwar sehr wohl in der Lage gewesen, den dürren Alten zu tragen, aber Marias amphorische Gestalt hätte selbst ein Muli überfordert.

Wer Rinaldo kannte und ihn so dastehen sah, staubgepudert von den vorbeifahrenden Lastwagen, der mußte sich sicher sein: Rinaldo trauert. Er stand lange – lange selbst für einen Esel– fast bewegungslos, den Hals in seltsamer Starre waagerecht vorgereckt, kaum daß die Ohren nach den lästigen Fliegen schlugen. Die Lider klappten in träger Bewegung über die Augen, die irgendwohin in eine Eselunendlichkeit schauten, die kein Mensch begreifen kann; über manche Hautpartien unter dem steingrauen Fell liefen Schauer. Tristesse.

Nun, wir wollen nicht die Eselei der Vermenschlichung begehen: Esel können sehr wahrscheinlich nicht im menschlichen Sinne trauern. Aber sie spüren Verlust. Bei Rinaldo war es vor allem eines: Ihm fehlten Stimmen. Menschliche Laute waren die letzten Jahre ständig um ihn gewesen. Meist die rotweingebeizte Reibestimme des Geschichtenerzählers, der auch nachts mit ihm sprach in langem, gleichmäßigem Fluß der Sätze. Oder die lauten Kakophonien im »Da Minerva«, wenn man ihm zuprostete. All das war mit Giuseppe verschwunden.

Immer wenn jetzt jemand stehenblieb und mit ihm sprach – und das geschah selten genug; Italiener brauchen einen guten Grund, um mit einem Esel zu sprechen –, lief so etwas wie freudiges Aufmerken von der Mähne bis zum Schwanzansatz. Stimmen! Leben! Einmal hatte er sich losgerissen, war mit schepperndem Eisenpflock ins Dorf hinabgeschlenkert und hatte Einlaß ins »Minerva« begehrt. Es gab Gelächter, aber keinen Zutritt. Rinaldo trabte zurück zur Ölmühle, und in der Bar erzählte man sich zum tausendsten Male jene Geschichte von der gewonnenen Wette: wie Giuseppe seinen übersinnlichen Draht zu Rinaldo demonstriert hatte. Sie hatten Rinaldo damals auf Giuseppes Geheiß von der Theke losgebunden und außer Sicht- und Rufweite, vier, fünf Häuserecken entfernt, abgestellt. Vier Männer warteten neben ihm mit einer Stoppuhr in der Hand. Zu einer verabredeten Zeit – null plus vier Minuten – nahm das Gesicht von Giuseppe am Tresen einen hochkonzentrierten Ausdruck an, und Rinaldo warf, Luftlinie exakte 280 Meter entfernt, den Kopf hoch, wie es vier Zeugen bei der heiligen Mutter Maria schworen. Rinaldo wurde unruhig und setzte sich schließlich, erwartungsfroh schwänzelnd, in Trab, geradewegs in die Bar. Er begrüßte sein Alter ego mit der Floskel, die in der Eselsprache »Okay, hier bin ich. Was ist los?« heißt: vorgereckte Schnauze, leicht vorgeklappte Ohren, freundlicher Stups in die Seite.

Es wurde damals die feuchteste Nacht seit Menschengedenken in Monte Clarissa. Aber Giuseppe wiederholte das Experiment kein zweites Mal, trotz aberwitzig hoher Wettgebote: »Rinaldo ist kein Tanzbär«, sagte er, und ein andermal, als die Zecher ein Vierteljahr freies Trinken versprachen und ihn damit schon fast weichgeklopft

hatten: »Großartiges muß einmalig sein, sonst ist es nicht groß, sondern bloß artig!«

Die ruhmreichen Tage im »Minerva« waren lange her. Rinaldo
stand auf der stillen, kargen Wiese und horchte in sich hinein. Und
es war nur gut, daß er auch das wenige nicht verstand, das – selten
genug – in seiner Nähe geredet wurde, sonst wäre es aus gewesen
mit seinem »pisolino« (Tagesschläfchen) unter den Olivenbäumen.
Um Rinaldos ungute Eigenart ging es in diesen Fällen: daß er nur
bereit war, Lasten zu tragen, wenn man beständig mit ihm sprach –
und im übrigen gab es für fast alles im Dorf die eisernen Esel, die
samt und sonders auf den Namen Toyota hörten. Selbst den Bau-
stofftransport für die Neubauten in Steillage – »quartiere tedesco«,
deutscher Bezirk, sagten die alten Clarissaner – schaffte man mit
Allrad und Differentialsperre. Ganz ohne zementsacktragende
Esel. Und fiel da nicht auch einmal das Stichwort »Salami«?
Rinaldo war einer von drei verbliebenen Eseln im Dorf. Mit den
zweien konnte er sich bisweilen über Distanz und nach Eselart
unterhalten. Aber Rinaldo war nicht sehr mitteilsam, er mischte sich
nur selten in die blecherne Serenade der beiden Artgenossen ein.
Und auch der Schmachtgesang der rossigen Eselin, pünktlich alle
drei Wochen, sagte ihm nichts. Schuld an diesem Desinteresse war
ein – im Wortsinne – einschneidendes Ereignis, das Rinaldo im Alter
von drei Jahren ereilte – zwei Tage nach unvergleichlichen Stunden
mit einer sehr weißbäuchigen Eselin. Rinaldo hatte sie einen ganzen Vormittag über die Koppel gehetzt, ihr Urin und Kot waren sein
Doping, ein Duft, der ihn jedesmal wieder voranpeitschte, wenn die
Glut etwas erkaltete. Und dann endlich, endlich, als sie schweißnaß
mit pumpenden Flanken dastand, hatte er sich in ihren Nacken ver-
bissen und getan, was getan sein wollte. Am Zaun standen damals

armschwingende Zweibeiner, die meinten, die Eselin mit dem blutenden Hals retten zu müssen. Rinaldo bemerkte die Rettungsversuche nicht, und im übrigen hätte sich auch die Eselin jeden Freier verbeten, der anders zu Werke gegangen wäre.

Das war nun alles eine Eselewigkeit her. Schon lange hatte der enervierende Geruch rossiger Eselinnen keine Botschaft mehr für Rinaldo. Und auch seine vorbeugende Unduldsamkeit gegen all diejenigen, die ihm hätten zuvorkommen können, war verflogen. Artgenossen waren seit damals langweiliger für ihn als Zweibeiner, in deren Nähe immer etwas passierte. Artgenossen ließ er in einer Zeichensprache abblitzen, die Mensch und Esel gleich gut verstehen: Er drehte ihnen das Hinterteil zu.

Rinaldo stand, wurde dicker, sein Fell nahm die Farbe der nackten Erde unter den Olivenbäumen an. Selbst sein wunderbares dunkelbraunes Schulterkreuz erlosch im Grau. Die Langeweile kostete ihn zwei Zähne, weil er unentwegt und oft ungestüm an dem Eisenpflock kaute, den ihm Maria dreimal am Tag in die Erde rammte, nachdem sie jedesmal, prustend vor Kurzatmigkeit, aus dem Dorf heraufgewalzt war. Sie sprach nicht mit ihm, höchstens eine kurze Verwünschung wie »mascalzone!«. Doch als sich das Gerede schon gefährlich verdichtete, daß es in der Nähe von Orvieto noch einen Metzger gebe, der annehmbare Preise zahle, da endlich nahte die Rettung. Mira!

Mira war damals 26. Sechs Jahre zuvor, als junge Literaturstudentin an der Universität Bozen, hatte sie auf der Suche nach volkstümlichen Geschichtenerzählern den ganzen Apennin und halb Sizilien durchstreift. Schließlich war sie bei Giuseppe hängengeblieben, der nicht nur die Legenden der Toskana kannte, sondern auch die der Lombardei, der Reggio Emilia, Kalabriens und anderer Provinzen.

Als sie jetzt Giuseppe mit einem gewidmeten Buch überraschen wollte, das etliche Jahre nach ihren Endlosinterviews mit dem Geschichtenerzähler verlegt worden war, fand sie nur noch Rinaldo. Und dem ging es offensichtlich nicht gut.

Sie rupfte Rinaldo ein paar Thymianstengel außerhalb seiner Reichweite und erzählte ihm lange von besseren Tagen, von Giuseppe, seinen Geschichten und von dem Buch, das daraus entstanden war. Eine lange Passage, in der Rinaldo vorkam, las sie langsam vor. Rinaldo fühlte sich verstanden. (Na ja, weniger wegen der schmeichelhaften Erwähnung in einem wissenschaftlichen Werk, sondern mehr wegen des gleichmäßigen Redeflusses, der seinen Ohren so lange schon abging – aber für Mensch und Esel zählt schließlich der Gefühlsanteil von Sprache oft mehr als deren Inhalt.) Mira hängte sich mit einem Ellenbogen über Rinaldos Hals – so imitiert man die Vertrautheitsgeste der Pferdeartigen, die gern ihre Hälse kreuzweise übereinander schieben. Mit den Fingernägeln verschaffte sie ihm das gute Gefühl der sozialen Fellpflege. Rinaldo schloß die Augen, und das hieß: mehr!

Anschließend gingen sie gemeinsam ins »Minerva«. Rinaldo legte einen triumphierenden Trippelschritt ein, bevor er mit der Schnauze die Plastikschnüre vorm Eingang zerteilte. Sein Stammplatz war nicht frei, also drängelte er einen holländischen Zufallsgast ab, der gerade noch seinen Cappuccino in Sicherheit bringen konnte und anschließend ununterbrochen barmte, ob nicht einer einen Photoapparat besorgen könne.

Mira hielt den Anwesenden eine kurze Rede, daß es keine Art sei, »Giuseppes Beine« bei lebendigem Leib verschimmeln zu lassen. Dabei zeigte sie auf die hartgetrockneten Lehmbeulen, die sich an Rinaldos Beinen gebildet hatten. Maria, die offizielle Erbin und

Eselbesitzerin, kam heruntergewatschelt, krähte ein paar wehleidige Entschuldigungen, und nach drei bis vier »grappini« war alles klar: Mira allein sei würdig, sich um einen so wichtigen literarischen Zeitzeugen zu kümmern. Bene!

Rinaldo zog um. Es brauchte vier ausgewachsene Männer, um ihn in einen unheimlichen Verschlag zu bugsieren, der sich dann auch noch ruckend in Bewegung setzte.

Die schauerlich lange Strecke im Halbdunkel mit orkanartigen Windgeräuschen und unerklärlichen Schüben von rechts und links und zurück stand er mannhaft durch. Als es wieder hell wurde, lag vor ihm eine unverschämt grüne Wiese. Zu grün für einen Esel, der es lieber trocken und würzig hat. Die Berge ringsum trugen tiefgezogene Schneekappen, und in der Ferne glitzerte Wasser. Die Ferienwohnung der Südtiroler Familie Edenkofler blieb nur kurze Zwischenstation für Rinaldo. Mira Edenkofler heiratete nach Norddeutschland. Rinaldo brachte sie in die Ehe ein – eine Verpflichtung aus einer »vorherigen Liaison«, wie sie ihrem Zukünftigen zeitig klarmachte.

Es gab eine weitere entsetzlich lange Fahrt – von den nervenzerfetzenden Einfuhrformalitäten bemerkte Rinaldo zum Glück nichts. Als er nach den zwölf schlimmsten Stunden seines Lebens knickbeinig ins Freie stakste, wischte ihm ein nie gekannter Sprühregen über die Schnauze. Norddeutsches Schmuddelwetter. Aber es gab Möhren satt.

Eine deutsche Großstadt ist nichts für vierbeinige Esel; Mira, die jetzt Mira Thormeelen hieß, fand schließlich eine angemessene Bleibe für Rinaldo. Er wurde auf einem stadtnahen ehemaligen Gut unter- und angestellt, als Psychotherapeut und Heilgymnastiker – vermutlich der beste seiner Zunft. Trotzdem arbeitete er für nicht

45

mehr als Kost und Logis. Es war, als könne er die Defizite körperbehinderter junger Reiter abschätzen und ausgleichen, als bremse es ihn, wenn er hinter seinen Ohren aufkommende Angst verspürte, und als ginge ihm die wieder aufkeimende Zuversicht der Patienten sofort in die Beine. Vor allem aber: Kein anderer Esel, kein Pony, kein Kaninchen reagierte auf die Stimmen verhaltensgestörter Kinder freundlicher, aufmerksamer und liebevoller als Rinaldo. Kinder, die jahrelang verstummt waren, weil sie die Reaktion eines menschlichen Gegenübers fürchteten, fühlten sich durch Rinaldos nachdenkliches Ohrenspiel bestätigt. Und Rinaldo hatte es endlich wieder: das unendliche Plätschern menschlicher Rede.

Stimmen: Da waren wieder die durchplauderten Nächte in der Ölmühle – mit Giuseppes Fingern im Fell und in den Nüstern den Geruch von Olivenöl, das in Jahrhunderten die Bohlendielen getränkt hatte. Da war auch wieder der wunderbare Lärm der »Minerva«-Bar, vermischt mit der immer gleichen Schlagermusik aus einer Box … Esel sind Gewohnheitstiere. Und Rinaldos Gewohnheit war Kommunikation.

Sicher, manchmal war es zu laut, zu schrill in seiner neuen Heimat. Aber es waren Stimmen. Kinder balancierte er im supersanften Paßgang über den Abreitplatz, fielen sie dennoch herab, blieb er stehen. Als einmal ein fünfjähriges Mädchen unbeaufsichtigt herabfiel und schreckensstarr liegenblieb, holte Rinaldo einen menschlichen Mitarbeiter.

Ein Zoologe und Verhaltensforscher, dem man die Geschichte erzählte, hatte einige Mühe, diesen Akt tätiger Menschenliebe als Instinktleistung zu deklarieren; er sprach von »sekundären Domestikationseffekten«. Was der Zoologe nicht wissen konnte: Giuseppe hatte Rinaldo in dessen jungen Jahren mit viel Geduld und Leckerbissen beigebracht, daß er, wann immer Giuseppe wegen seiner tauben Beine aus dem Spezialholzsattel fiel, Helfer zu alarmieren hatte. Die akustische Dauerkulisse aus Kinderstimmen hatte vermutlich die alte Glanznummer in seinem Eselhirn wieder abgerufen.

Unerklärlich blieben auch Rinaldos meist erfolgreiche Ausbruchsversuche, die man aber allein schon deshalb tolerieren konnte, weil sie ausnahmslos *in* (nicht vor!) der Cafeteria endeten. Nur Mira, die ihren Landsmann regelmäßig besuchte, lächelte vielsagend, wenn sie wieder einmal von einem Kneipenbesuch des Toskanesen hörte. Man hatte noch viel vor mit Rinaldo. Da Pferdeartige am besten von ihresgleichen lernen – darum auch spannt man ein erfahrenes Kutschpferd neben einen Neuling –, wollte man Rinaldo die Schulung einer jungen Eselstute und eines Maultiers überantworten. Beiden waren die ungestümen Bewegungen und Schreie der kleinen Patienten zuviel. Doch kam es nicht dazu. Rinaldo, dessen Thermoregulation auf Mittelmeerklima eingestellt war, blieb trotz guter Pflege extrem erkältungsanfällig. Als der gebürtige Italiener mit deutscher Aufenthalts- und Arbeitserlaubnis in seinem dritten norddeutschen Herbst zu einer fiebrigen Erkältung auch noch eine heftige Kolik bekam (zu nasses Gras), ging es dahin mit ihm. Im besten Eselsalter von 15 Jahren.

Mira schrieb eine Todesanzeige, die vermutlich im »Minerva« verlesen wurde. Es kam keine Antwort. Aber Mira stellte sich vor, daß die Alten in der Bar einen exklusiven Rinaldo-Rinaldini-Abend einlegten. Mit viel Rotem und mit Pizza, die nicht so schmeckte, wie Deutsche meinen, daß italienische Pizza schmecken muß. Und vor allem: mit den fünfzig wahren und den fünfhundert erfundenen Geschichten über den Geschichtenerzähler Giuseppe Vesperini. Den Mann mit den vier Eselsbeinen.

Die Geschichte eines Halbstarken

Lange verletzt. Zu Tode erschöpft. Und dann die Begegnung mit einem Menschen.

Ihm war nicht sehr bärig zumute. Wie er da der flirrenden Sonne entgegenschaukelte, eine weiße Masse aus Fleisch, Fett und Fell, immerfort, im gemächlichen Eisbärentrott, der den Pelz rhythmisch über die Schulter- und Schenkelpartien wallen ließ. Ein wenig zu oft schwenkte dieser Halbstarke den Schlangenhals mit dem keilförmigen Flachschädel in den Wind. Und auch der O-beinige Einwärtsschwung der Vorderpranken hatte etwas leicht Unrundes.

Besonders das war es, was einem Eisbären sofort aufgefallen wäre. Ist doch nichts wichtiger als der fließende Energiespartrott: nicht allzu langsam, um die Vorwärtsdrift nicht stocken zu lassen, aber auch keineswegs zu schnell, um jeglichen Hitzestau unter den Isolierschichten aus Fell und Fett zu vermeiden.

Dem Halbstarken war vor nicht ganz einer Woche das widerfahren, was in jedem Eisbärenleben notwendigerweise geschieht. Es hatte sich angebahnt, war dann aber doch in seiner Heftigkeit überraschend und fürchterlich: Das Zentrum alles Guten und aller Wohlbefindlichkeit hatte sich verweigert. Atertaka, die Mutter des Halbstarken, hatte mit einem einzigen Prankenhieb einen Schlußstrich gezogen unter ihre dritte Mutterschaft. Eine Mutterschaft, die fast ihre letzte geworden wäre.

49

In den vorangegangenen Wochen hatte sich die Bärin nur noch widerwillig bereit gefunden, ihrem mehr als zweijährigen Sohn den wunderbar fetten Speckmantel der Ringelrobben zu überlassen. Schließlich mußte er sich mit dem begnügen, was normalerweise nur Speise für Mindere, für Polarfüchse und Möwen, war. Aber auch Muskelfleisch und Eingeweide machten schließlich noch satt. Doch vor acht Tagen hatte Atertaka voll mit der linken Pranke durchgezogen, als der lästig gewordene Kostgänger, alle Warnungen mißachtend, seine Schnauze wieder in das gelbweiße Robbenfett versenken wollte. Das saß.

Seither zerrten widerstrebende Kräfte am Pelz des Halbstarken: Zurück zur Quelle alles Guten? Unmöglich. Nichts wie fort aus dem Bereich jener Pranken, die furchtbare Backpfeifen verteilten. Hinüber zu den Gefilden, wo Fett und Blut flossen? Nein, da waren nun ja nur mehr leere Eisbänke, robbenfrei von einem Tag auf den anderen. Also doch weiter, meerwärts! Hin zu den treibenden Schollen, auf denen zu dieser Jahreszeit die Sattelrobben ins freiere Wasser reisten.

All diese widerstreitenden Impulse verwirbelten sich unter der kurzbehaarten Stirn und ließen den Marsch des Zweihundertkilo-jungbären ein wenig schlingern. So als zerrte ein Blizzard, aus mehreren Richtungen kommend, an der Gestalt.

Aber da war noch etwas. Dem Halbstarken fehlte ein wenig von dem, was jeder Jungbär braucht, um die hohe Schwelle vom Kostgänger zum Selbstversorger zu nehmen: die Eisbären-Chuzpe, dieser unbekümmerte Wagemut, die freche Siegeszuversicht und Unverfrorenheit.

All das war Atertakas Sohn in einer einzigen Nacht genommen worden, damals, als seine Schwester zwischen die Fangzähne eines

Sechshundertkilobären geriet. Ihn selbst, auf den es der Kannibale eigentlich abgesehen hatte am Ende jener Polarnacht – ihn selbst hatte ein tödlich gemeinter Prankenhieb durch die Luft gewirbelt und für kurze Zeit betäubt. Um der Schwester zu helfen, kam die Mutter zwei, drei Galoppsprünge zu spät.

Eisbärenmütter, meist nur halb so mächtig wie ausgewachsene Männchen, kämpfen grundsätzlich in einem Alles-oder-nichts-Stil, ohne auch nur eine einzige Bewegung für die eigene Deckung zu vergeuden. Ein Kinderfresser muß da schon sehr, sehr hungrig sein, um sich diesem Inferno zu stellen. Der von damals war nur mäßig hungrig. Er trollte sich, nachdem Atertaka ihm gleich im ersten Ansturm ihre Fangzähne über die Schnauze gepflügt hatte. Sein Abwehrschlag traf die Bärin aber immerhin noch so präzise am Schulterblatt, daß ihr Jagderfolg in den kommenden Wochen bedenklich zurückging und für den Sohn die Fettmilch knapp wurde.

Auf dem Eis blieb damals ein kleiner weißer Körper mit einem roten Halskragen liegen, ein Bündel, das noch eine Weile krampfig zuckte. Als das Zucken ausgelaufen war in einer letzten Streckung, verließen Mutter und Sohn die Stätte. Wenig später schon war sie Schauplatz eines anderen Kampfes. Drei Polarfüchse fetzten sich um den besten Zugriff.

Das war lange her. Und doch waren Eindrücke geblieben, Eindrücke nicht zuletzt an einem linksseitigen Hauptmuskelstrang, exakt dem Muskel, der für die Schnellkraft des linken Hinterbeins zuständig ist. Dieses Breitband aus Fleisch und Sehnen braucht man als Bär für die Sattelrobbenjagd mehr als alles andere.

Am Rande eines Rauheisackers, der im heraufziehenden arktischen Winter in einer weit geschwungenen Fließbewegung erstarrt war, nahm der Halbstarke Witterung auf. Zwei, drei tiefe Atemzüge reichten, um Entfernung und Driftgeschwindigkeit einer kleinen »Robbenscholle« zu bestimmen. Sattelrobbe! Das Beste vom Besten! Vollfettstufe … Aber leider auch die schnellste Robbe.

Ohne jeden Spritzer und fast geräuschlos glitt der Halbstarke ins arktische Schwarzwasser. Die Schwimmhäute zwischen den bedolchten Zehen der Vorderpranken spannten sich weit auf, die Hinterbeine schwangen als Ruderblatt im Wasser. Der Landgänger wurde übergangslos fischig. Das Wasser, noch sommerlich warm, um die null Grad, brachte keinerlei Abkühlung. Der Halbstarke hielt die Schnauze knapp über der eigenen Bugwelle, eine Nase ohne Salzwasserfilm ortet besser.

Seine Voraussetzungen waren nicht ganz schlecht, denn Mutter Atertaka war eine ausgesprochene Sattelrobbenspezialistin, so wie es auch Bartrobben- oder Ringelrobbenspezialisten gibt. Aus etlichen Jagdbeobachtungen wußte er: Es kommt der Moment, in dem eine normalbegabte Robbe unruhig wird, ohne daß sie die Gefahr schon richtig geortet hätte. Das ist die Sekunde, in der die Bedrohte sich aufrichtet, um den Grund ihrer Irritation zu finden. Diesen Pulsschlag zwischen Alarm und Flucht muß man als Sattelrobbenspezialist erwischen. Und noch bevor die Robbe dem instinktiven Gefühl ihrer Bedrohung eine Richtung abgewinnen kann, sollte man als Jäger abgetaucht sein. Die Nase zugekniffen, die Stummelohren angelegt, die Augen fest auf den Unterrand der Scholle fixiert, die Paddelfrequenz der Pranken an den Rand des Möglichen gesteigert! Gemächlich tauchend bleiben einem gut zwei Minuten unter Wasser, aber der sauerstoffzehrende Paddelwirbel verkürzt die Tauchzeit auf knapp ein Drittel.

Die Robbe legt sich jetzt zurück. Ihr Argwohn hat keine Bestätigung gefunden, aber dennoch bleibt ein kleiner Rest von Alarm: Eine bedrohliche Information ist aus einer ungefähr bestimmbaren Richtung gekommen. Bei der geringsten Zusatzinformation, die nur irgendwie zu der vorangegangenen diffusen Warnung paßt, wird sie in die Gegenrichtung fliehen.

Als Sattelrobbenspezialist muß man dem mit der richtigen Strategie begegnen.

Der Halbstarke unterschwamm die Scholle in halber Rückenlage. Als der Eisrand sich als blaue Kante gegen den Himmel abzeichnete, beschleunigte er noch einmal mit äußerstem Krafteinsatz der Vorderpranken. Einen Wasserschwall mitreißend – nun kam es ja nicht mehr auf Geräuschlosigkeit an –, durchschlug er die Wasseroberfläche. Die Vorderpranken dolchten sich in die Eiskante und wuchteten den Körper voran. Die Robbe mußte jetzt den vielleicht alles entscheidenden Bruchteil einer Sekunde verwirrt sein, da sie doch eine mögliche Gefahr aus der Gegenrichtung erwartet hatte. Das Umgehungsmanöver – dessen Finessen die Weibchen aus Atertakas Eisbärenclan schon seit hundert Generationen an ihre Jungen weitergaben –, dieses Tauchmanöver hatte den Vorteil eines Überraschungsmoments. Aber dieser Moment war keine Viertelsekunde lang.

Eine fitte Robbe reagiert teuflisch schnell. Alles kam jetzt für den Jäger darauf an, die Hinterbeine aufs Eis zu bekommen, um die Flüchtende mit einer einzigen Körperstreckung zu erreichen.

Der Halbstarke hechtete schulmäßig, und noch in der Streckung spürte er den Schmerz wie einen Riß in der hinteren linken Körperseite, dort, wo ihn in jüngster Jugend der Schlag des Kannibalen getroffen hatte. Ein langer, nasser, weißer Lappen klatschte auf das

Eis, dorthin, wo noch eben eine rettende Zweiwochenration an Fett und Fleisch gelegen hatte.

Lange blieb der Halbstarke liegen, so wie es ihn geworfen hatte. Was er nicht wußte – oder eben nur so wußte, wie es ein Tier wissen kann: Beim nächsten Angriff würde ihm ein kleines Quentchen Schnellkraft fehlen, ein Quentchen, das soeben von seinem Fettsparkonto abgebucht worden war.

Manchmal sieht man auch tote Bären noch gehen. Denn wenn man zu Beginn der mageren Sommerzeit, die nur Tang, Vogeleier und ab und zu ein paar Lemminge zu bieten hat, einem Bären begegnet, der aussieht wie ein fellbehängtes Skelett, dann ist dieser Bär eigentlich schon tot. Vor einem Bären, den der Winter mit all seinen fetten Robben nicht fett gemacht hat, liegt der Sommer wie die Wüste vor einem Wanderer ohne Wasserflasche.

Der Halbstarke schwankte, machte lange Pausen, in denen er wie ein Junges einfach auf den nicht mehr vorhandenen Hinterschinken fiel. Nach diesen Zwangspausen erhob er sich wieder zu einer kurzen Strecke Weges. Wenn er den schwanenschlanken Hals sichernd schwenkte, lief ein Zittern durch den Leib. Hungerzittern.

Im Winter hatten ihn noch die Abfälle starker Artgenossen auf den Sohlen gehalten: hier die Reste einer Ringelrobbe, dort der Kadaver eines Fuchses, der beim Versuch des Beuteklaus die Reichweite eines Bären unterschätzt hatte. Zum Leben nicht genug, zum Sterben ein wenig zuviel. Die meiste Zeit hatte sich Atertakas Sohn in energiesparender Bewegungslosigkeit in Schneewehen gedrückt. Zur Jagd, das hatte sich immer mehr zur Gewißheit verdichtet, fehlte das entscheidende Quentchen Schnellkraft. Wobei es wohl nicht nur der Prankenhieb des Kinderfressers war, der dem Halb-starken seine Chancen genommen hatte. Auch die verminderte Milchration der angeschlagenen Mutter mochte damals wohl dazu geführt haben, daß sich seine guten Erbanlagen nicht in perfekte Konstitution auswachsen konnten. Es fehlte eigentlich nicht viel, aber bei der Jagd werden wenige Zentimeter zu langen Strecken, und Hundertstelsekunden sind Ewigkeiten. Hätte der Halbstarke nicht eine gewisse ererbte Geschicklichkeit an den Atemlöchern der Sattelrobbe weiterentwickelt, er hätte die dunkle Zeit, die hohe Zeit der Eisbären, nicht überlebt.

Wenn der Schnee unter den schwarzen Schmirgelsohlen nicht mehr ganz so hart ist, das wußte der Halbstarke, dann gab es an Land kleine Imbisse. Man konnte Eiderenten von unten anschwimmen und leicht erbeuten: kleine Bissen in lästiger Umhüllung, die am Gaumen klebte, noch dazu nicht sehr ergiebig. Es gab Grünzeug am Ufersaum, fades Zeugs, Tang, in dem sich allerdings manchmal eßbares Kleingetier verbarg. Vielleicht war es auch nur die unbe-wußte Erinnerung an sorgenfreie Zeit, die den klapprigen Geister-bären noch vorwärtsschob.

Füchse folgten ihm. Füchse, die sonst nur die guten Beutemacher eskortieren, die Starken, bei deren Mahlzeiten reichlich zu holen ist. Die Füchse sahen bei diesem Bären offenbar eine andere Ent-wicklung voraus, wenn sie mit tiefgestellter, überspitzer Schnauze neben dem Sohn der Atertaka dahinschnürten. Sie hielten nicht einmal die Hälfte des üblichen Sicherheitsabstandes ein, so gewiß waren sie sich, daß von diesem Bären kein Blitzschlag zu befürch-ten war. Als der Halbstarke das erste Mal seit vielen durchhunger-ten Monaten wieder Fels unter den Füßen hatte, sackte er wie ein großer Haufen weißer Lumpen in sich zusammen. Es mochte scheinen, als hätte seine Kraft nur bis genau zu dieser Grenze gereicht.

Nach einem langen Schlaf weckte ihn die Kälte. Nur ein Eisbär ohne Fettpolster friert. Er schüttelte sich, und auf einmal kehrte eine Ahnung von Straffheit in die Schlackergestalt zurück: Was für ein Geruch!

Doch plötzlich hatte sich über den Wohlgeruch blutdurchpulsten Fleisches ein Odeur gelegt, nur eine Ahnung erst, die sich aber von Schritt zu Schritt verdichtete, bis der Halbstarke schließlich windend auf der Neuschneedecke stand, der lange Hals – von zuviel Hunger vogelartig ausgemergelt – pendelte Signale in die Luft, die ein Kundiger leicht hätte lesen können: Beute – aber mit großer Gefahr behaftet! Extreme Risikobeute! Mit dem Pendelschlag des Halses waren die Bilder zurückgekommen. Geruchsschreckbilder. Mensch!

Es war noch vor dem schrecklichen Hungerwinter. Schreiend, klirrend, schmetternd fiel damals das Unheil vom Himmel. Der Firn unter den Fellsohlen vibrierte, so als wollte sich der Boden entziehen. Doch was noch schlimmer war: Die Mutter blieb nach wilder Flucht erst stehen und sackte dann langsam in sich zusammen, noch mit der letzten, versagenden Bewegung hatte sie versucht, den ihr verbliebenen Sohn mit dem Körper gegen den Angreifer abzuschirmen. Vergeblich.

Der Feind hatte sich sodann auf das Eis gesetzt, sein Brüllen war in Pfeifen übergegangen, fast so, als wenn ein Blizzard über Eiskanten läuft. Dann war es still gewesen. Zweibeiner, die Träger jenes überscharfen Geruchs, der dem Hungerbären jetzt, viele Monate später, zum zweitenmal in die Nase stach, Zweibeiner also waren auf die leblose Mutter zugegangen, erst zögernd, doch dann mit der Haltung geübter Beutemacher.

Atertakas schwach entwickelter Sohn war damals in Sicherheit gehoppelt, während die Zweibeiner, gegen die die Mutter nicht kämpfte, mit seltsam kraftlosen Schlägen der Schlafenden einen Zahn herausbrachen und dann den Rücken blutig rissen. (Die Hubschrauber-Eisbär-Schutzgruppe »Nobile« des WWF verwendete damals noch fast blutrote Leuchtschrift, um Bären zu registrieren.) Und über allem waberte ein Geruch, der sich Atertakas Sohn als Inbegriff der Übermächtigkeit eingeprägt hatte.

Die Zweibeiner waren alsbald wieder lärmend am Himmel verschwunden, und Mutter Atertaka hatte sich nach einer Weile wie aus tiefstem Schlaf erhoben, hatte lange das Blut an ihrem Unterkiefer geleckt, und die beiden waren schließlich weitergezogen, irgendeinem Festmahl aus Robbenfett und Gedärm entgegen.

Und jetzt wieder dieses Signal: Der alles niederschlagende, unvergeßliche Geruch von damals war es, der sich mit dem guten Beutegeruch vermengte. Und wäre Atertakas Sohn auch nur noch halbwegs bei Kräften gewesen, die vom Wind überbrachte Warnung hätte ihn sofort veranlaßt abzudrehen. So aber stolperte er weiter, in seinem verlöschenden Organismus vergingen die Signale wie in schalltotem Raum.

Plötzlich ein vielkehliges Hundegebell – Anschleichen wäre nun sinnlos gewesen! Irgendwie schaffte es der Schwachbär, eine Art Angriffstrab in den Schnee zu stolpern, wobei der große runde Eisbärengalopp einem knöchernen Leerlauf der Reflexe gewichen war. Da trug sich einer mit letzter Kraft zur Jagd.

Es wäre wohl wirklich die letzte Kraft gewesen, denn hätte Aikurtu,

57

der einzige Inuit weit und breit, der noch perfekt mit den Hunden war, seine Zugtiere nicht einzeln kurzgeleint (ihre Beißereien hatten ihm in den Nächten zuvor zuviel Schlaf geraubt) – wer weiß, ob nicht am nächsten Morgen ein zerfledderter Bär vor seiner Hütte gelegen hätte.

So aber bot sich ihm ein anderes Bild. Als Aikurtu die toten Schlittenhunde sah – genauer: deren Reste, denn vier von den fünf Opfern waren zu gut drei Vierteln verschwunden –, mußte er gar nicht erst die Bestätigung seiner Ahnung finden: tellergroße Trittsiegel im Schnee.

Er griff sich sein Gewehr, solche Vorkommnisse legitimierten auch einen unangemeldeten Abschuß. Aus den verbliebenen sechs Hunden stellte er ein kleines Gespann zusammen. Es gab eine kurze Beißerei unter der Restcrew: Der Führungshund war unter den Gefressenen, und Aikurtu hatte in der gebotenen Eile einfach irgendeinen an die Spitze gestellt.

Gestochen scharf standen die Spuren im Schnee. Nach dem Ende der langen Nacht war es Aikurtu immer, als hätte auch das Licht nach seinem Winterschlaf eine ganz besondere Kraft. Die Hunde zogen gut, als ahnten sie, daß ihnen heute etwas Besonderes geboten würde. Aikurtu war bester Laune. Der Bär war der Angreifer, und das eröffnete die Möglichkeit zu einer willkommenen Jagd. Aikurtu hatte sowieso vorgehabt, die Schlittenhunde abzuschaffen. Das Geld würde diesen Sommer für ein Snowmobil reichen. Eines dieser japanischen Wundergefährte, die praktisch nie schlappmachten.

In der vergangenen Nacht hatten er und sein Nachbar die Bestellung des ersehnten Objektes mit viel Bier und noch mehr Whisky-Cola gefeiert. Der alkoholumwölkte Schlaf der beiden war wohl so tief gewesen, daß sie auch der Schlachtenlärm nicht weckte.

Nun aber brachte Aikurtu der Überfall auf die überflüssig gewordenen Esser immerhin noch die Legitimation, einen Eisbären zu schießen. Der nächtliche Saufkumpan hatte ja gesehen, was von den Hunden übriggeblieben war; es würde also nicht schwer werden, den Abschuß mit einem Kurzprotokoll – vom Nachbarn unterschrieben – bei der Behörde aktenkundig zu machen. Dumm nur, daß es nach Schnee aussah. Man würde den Hundeschläger schnell finden müssen. Mit dem Snowmobil wäre das sicher eine Sache von weniger als zwei Stunden gewesen.

Der Halbstarke schlief. Es war ein anderer Schlaf, kein Schlaf der Schwäche, in den noch lange die leeren Gedärme hineinbrüllten. Da war ein wohliges Gefühl von Wärme, die sich aus der Körpermitte heraus bis in die Haarwurzeln ausbreitete. Den Schnee, der sich erst zögernd, doch dann in weißen Wirbeln herabsenkte, spürte Atertakas Sohn schon nicht mehr. So tief war der Schlaf, daß auch die Standleitung zu Nase und Gehör fast gekappt war.

Aikurtu wollte schon einsehen, daß der Schnee den Übeltäter in Schutz genommen hatte, als etwas geschah, das alles bisher Geschehene so gut wie ungeschehen machte. Die Hunde hatten gerade eine kleine Schneewehe überlaufen, als diese Schneewehe explodierte: Lose mit dem Zuggeschirr behängt, stand plötzlich ein Bär zwischen Hunden und Schlitten, nicht sehr groß, aber doch groß genug, um Schrecken zu verbreiten. Aikurtus Gewehr war mit dem Schlitten seitlich in den Schnee gekippt. Ein Hund, den ein Prankenhieb traf, kläffte einen jämmerlichen Todesschrei in den Schneehimmel, die anderen fielen in panisch-aggressives Gebell.

Aikurtu tastete in den Schnee, bekam etwas Kaltes, Metallisches zu fassen, aber ehe er das Gewehr anbacken konnte, stand breitbeinig ein Halbbär über ihm. An dessen Schulter hing Ledergeschirr, an dem wiederum jiffende Hunde zappelten.

Ein stumpfer Schlag traf Aikurtu: Nun wird es wohl nichts mehr mit dem Snowmobil, funkte es ihm durch den Kopf, und er dachte zugleich, daß dieser Gedanke wohl sein letzter sein werde.

Aber als er die Augen öffnete, war der Bär weitergezogen, schlenkerte zurück auf seiner eigenen, schon fast verschneiten Spur. Die Hunde hatten sich mit der verknäulten Leine am umgestürzten Schlitten verfangen, und ihre Stimmen verebbten in schauerlichem Falsettgewinsel.

Aikurtu erhob sich, putzte den Schnee vom Zielfernrohr, nahm die Rückseite des Bären ins Visier, betrachtete die davonschaukelnde Gestalt unter dem Fadenkreuz. Eine Weile stand er so da wie das Denkmal des unbekannten Freihandschützen. Dann setzte er ab und murmelte etwas. Wobei ihm selbst unklar war, ob er zu sich selbst sprach oder den Hunden eine Erklärung anbot: »Hat mir 'ne Chance gelassen, soll er seine Chance haben.«

Coming home

*Das Hauptmotiv für seine langen Flüge übers Meer,
heißt es im Tierlexikon, ist die Nahrungssuche. Doch
alle zwei Jahre begibt sich der Albatros aus einem
ganz anderen Grund auf die Reise – wenn es sein
muß, bis ans andere Ende der Welt.*

*N*ennen wir ihn Diomedeus, nach seiner zoologischen Familie Diomedeidae. Seit über 19 Stunden war Diomedeus geradeaus geflogen, westwärts, ohne einen einzigen Flügelschlag. Das war leichter getan als gesagt. Man braucht dazu nur gut drei Meter Flügelspanne, mehr als zehntausend Flugstunden Erfahrung und die beständigsten Westwinde der Welt. Die legen auf vierzig Grad südlicher Breite einen Gürtel um die Erde, zuverlässiger als die Winde auf der nördlichen Halbkugel, denn in den brüllenden Vierzigern, den »roaring forties«, stört wenig Landmasse die Schiebewinde, die den zirkumpolaren Ozean in gleichmäßige Schwingungen versetzen.

Diomedeus ließ sich in die Wellentäler fallen, die schmalen Schwingen – zu schmal für den größten Seevogel der Erde, sollte man meinen – beschrieben eine schwache Sinuskurve, ehe ihn die abgewehte Sprüh erreichen konnte. Die Aufwinde des Wellenhanges hoben das gefiederte Kreuz des Südens einige Dutzend Meter über die Wasserkämme, hoch genug, um gegen den Wind in denkbar stumpfem Winkel wieder hinabgleiten zu können. Zwei Wellen ließ Diomedeus durchrollen, die dritte ritt er wieder aus, ein Dreivierteltakt bei Windstärke sechs. Weltumseglertakt.

Als das Licht nur noch als diffuser Abglanz der Wolken auf dem Wasser lag, sah Diomedeus einen Schwarm silberglänzender Tintenfische knapp unter der Oberfläche. Ein kurzes Zucken ging durch die Schwingen, die erste Andeutung eines Flügelschlages seit 19 Stunden … nichts schmeckt besser als Tintenfisch. Aber dann zog es den Vogel weiter westwärts mit einer Unerbittlichkeit, die er seit Wochen kommen gespürt hatte und die nun da war, wie auch die Bereitschaft, mit seinesgleichen mehr als die Unendlichkeit von Wasser und Luft zu teilen. Es würde wieder die Zeit kommen, in der man monatelang kleine Kreise fliegt; denn der Sommer stand als ein Versprechen in den Himmel geschrieben, gleißend blau am Tag und indigoblau mit silberzitternden Rändern in der Nacht.

In der zwanzigsten Stunde seines Nonstopfluges verstärkte sich der Wind, fast unmerklich, aber deutlich genug für einen Wanderalbatros. Diomedeus ging auf einen Viervierteltakt, ritt die Brecher noch einen Tick extremer aus, so daß die salzige Gischt seinen Schnabel netzte und ihn der Aufwind mit Fallgeschwindigkeit liftete. Der Gegenwind morste ein nervöses Vibrato auf seine Flügeldecken. Diomedeus flog jetzt den schmalen Grad zwischen Optimum und Absturz. Vielleicht muß man als Albatros 23 Jahre alt werden, um so hart auf des Windes Schneide segeln zu können …

Es mußte sein. Der Sommer war fast da, und da sollte man ebenfalls da sein.

Vor ein paar Wochen hatte Diomedeus weit hinter dem Horizont die Südküste Afrikas geahnt; der Wind schmeckte ein wenig landig und ließ winzige Unregelmäßigkeiten erkennen. Und die Verführung war groß, sich auf Land zu setzen und die salzverkrusteten Nasenlöcher in einer Süßwasserquelle freizubaden. Aber Diomedeus zog es weiter. Und endlich, nach 23 Stunden ohne Schlafpause auf dem Wasser, ohne Imbiß, ohne erholsamen Leerlaufflug sah er die kantige Silhouette. Vor zwei Jahren hatte er die Gough-Insel – etwa gleich weit von Kapstadt und Buenos Aires entfernt – verlassen, südwestwärts, immer gegen den Wind. Jetzt kehrte er von Osten nach einer weiteren Weltumrundung zurück. Als er wieder den Grat mit dem flammenden Fleck aus Flechten anflog, sah er den großen Vogel, der ein paar Dutzend Flügelspannen rechts von ihm den gleichen Kurs nahm. Diomedea.

Die beiden schossen gegen den Wind auf, synchron berührten ihre stämmigen Ruderfüße den Fels, dann drückten sie ihre Hälse gegeneinander und richteten sich flügelschlagend aneinander auf. Der Wind nahm ihre Begrüßungsschreie mit aufs Meer. Alles würde sein wie vor zwei Jahren.

Sie würden sich im wöchentlichen Rhythmus, 73 Tage lang, das Brutgeschäft teilen, würden dieses unglaublich plumpe, struppige Etwas mehr als acht Monate lang mit Nährschleim aus Krebsen und Tintenfischen vollstopfen, es vor Auskühlung und Raubmöwen schützen, schließlich dem Flugeleven beibringen, daß man um Gottes willen niemals mit dem Wind startet …

Und eines Tages, wenn schon die Eiswinde ins Untergefieder bissen wie Parasiten, würde sich Diomedeus unvermittelt vom Westwind über Gough Island heben lassen, um abermals die Südhalbkugel zu umrunden, immer den fleischfarbenen Schnabel den »roaring forties« entgegengereckt. Nach weiteren zwei Jahren würde er aus der Gegenrichtung zurückkehren an diesen winzigen Punkt mitten im Südatlantik, wo der Wind nie schläft. Und Diomedea würde auch zurück sein, zuverlässig. Eine gute Ehe.

Adieu, Freundin

Er genoß ihre tägliche Gesellschaft, ihre Spiele, ihre gemeinsamen Ausflüge. Er liebte ihre wärmende Nähe, den gleichmäßigen, ruhigen Atem. Doch eines Tages klang ihr Atem anders …

Pique As war hundertprozentig der falsche Name für den Galopper mit den hohen weißen Fesseln. Denn die »Karte«, auf die ein Münchener Rennstallbesitzer Anfang der achtziger Jahre einmal 15 000 Mark gesetzt hatte, stach nie. Der Wallach war – übrigens kein ganz seltenes Malheur – einfach zu klug für den Rennsport.

Trotz einschlägiger Vernebelungs- und Ablenkungsmanöver von Trainer und Jockey begriff er nämlich sehr schnell, daß diese panische, kollektive Flucht immer im Kreise herum das Leben nicht wirklich bereicherte. Genaugenommen brachte es nichts, außer daß es in den Lungen brannte und die Gliedmaßen schmerzten. Ein Pferd, das diese Erkenntnis – pferdeverstandesgemäß! – verinnerlicht hat, ist für den Rennsport ungefähr so verloren wie ein menschenfreundlicher Hund für den Wachdienst.

Die Nachbesitzerin, der an gepflegten Ausritten, aber nicht an Leistungssport gelegen war, hatte ein feines Gespür dafür, daß man einem Lebewesen keinen Namen anhängen darf, der die Überforderung sozusagen zum Programm erhebt. Und so wurde aus Pique As »Picasso«. Genialisches erwartet wohl niemand ernsthaft von einem Pferd. Und doch – es gab etwas, das die Namensanleihe beim Leitgestirn der zeitgenössischen Malerei zumindest originell erscheinen ließ: War nicht eine der Grundlagen Picassoscher Kunst die über alles menschliche Maß gesteigerte Beobachtungsgabe des Meisters?

Auch der Wallach Picasso überragte seine Mitpferde im Glockenstall – sagen wir mal: um Widerristhöhe –, wenn es um die Aufmerksamkeit für Dinge ging, die ein Pferd bemerken kann. Nur Picasso konnte beispielsweise (und das schuhwerkunabhängig!) fünf Menschen am Schritt auf dem Boxengang identifizieren, einer schummrigen Passage mit Platten, von unzähligen Hufeisen geschliffen.

Der schnelle, elastische Schritt der Chefin ließ es geraten erscheinen, sofort so etwas wie freudige Wachheit zur Schau zu tragen. Der nur wenig langsamere, aber unelastische Gang der Tochter besagte Ausmiste-Schnelldurchgang: beiseite treten. Das Schlurren kündigte den Stallbesitzer an: so tun, als sei man noch ungefüttert. Wenn ein Auto bis unmittelbar vor die Reihe der Paddocks fuhr und gleich darauf eine behäbige 110-Kilogramm-Lebendgewicht-Schrittfolge zu hören war, galt es, sich so unsichtbar wie möglich zu machen: der Tierarzt! Dann war da noch das unrunde Tappen eines Rentners, der gelegentlich Äpfel oder andere Leckereien brachte: langsame, sehr deutliche Bewegungen machen und zum Tätschelnlassen den Hals sehr tief hängen!

Und falls es erlaubt ist, einen Wallach einen guten Liebhaber zu nennen, war Picasso aufgrund dieses Feingespürs ein sehr guter. Und ein treuer. Niemand hatte das überzeugender erfahren als Boa, Picassos Boxennachbarin und Weidegefährtin, eine etwas grobknochige Oldenburgerin mit einer bemerkenswert großen, rautenförmigen Blesse.

Picasso konnte ihr die Wünsche – nein, nicht von den Augen – vom Hals ablesen, etwa wenn sie mit leichtem Kopfsenken um soziale Fellpflege nachsuchte. Er wußte das Ohrenspiel und die Kopfhaltung subtiler zu lesen als andere Pferde – komm her, du bist erwünscht! Schon die nur angedeutete Schürzung der Oberlippe zeigte ihm Mißbehagen und den Wunsch der Partnerin, allein zu bleiben.

Neun Jahre, 3 300 Nächte lang, waren die beiden Tiere nur durch eine Bretterwand getrennt, die Picasso und Boa sowie deren Vorgänger beharrlich tiefer gebissen hatten. So erlebten sie gemeinsam die Hochsommerglut und den schwanzpeitschenden Kampf gegen Bremsen, Kopf an Schweif. Und sie teilten den knapp bemessenen Schatten eines Weißdornbusches, den man sich gegenseitig frei hielt gegen allerlei Mitbewerber, die schon deshalb unterlegen waren, weil es auf der Weide des Glockenhofes kein zweites Paar gab wie die zwei vom unteren Ende des Boxengangs.

Es wäre müßig (und wieder mal sehr anthropozentrisch), in diesem Zusammenhang zu erwähnen, daß Boa keine schöne Stute war. Wer weiß denn, was Pferde schön finden? Boas Hochwuchs war mit einer Staksigkeit erkauft – nein, bestraft –, die ihr den Spitznamen »Elchkuh« eingetragen hatte. Und wenn sie versuchte, neckisch zu trippeln, kam bei menschlichen Beobachtern leicht Heiterkeit auf. Nicht so bei Picasso. Der verspürte keineswegs eine innere Verpflichtung zu mindestens gleichrangiger Schönheit an seiner Seite, wie so häufig menschliche Beaus. Auch der Altersunterschied von acht Jahren war irrelevant. Pferde zählen nicht. Und Stuten bekommen weder Krähenfüße unter den Augen noch einen Hängebusen. Schwer zu sagen, was Picasso an Boas Seite verspürte. Wohlbehagen beschreibt es vielleicht am ehesten. Das gute Gefühl, wenn man sie mit hengstisch gewölbtem Nacken von den anderen separieren durfte, um sie unter den Weißdorn zu treiben; der warme Hauch, der aus ihren Nüstern strömte; ihr gelegentlich betäubender Duft von achterwärts. Das gleichmäßige, ruhige Atmen …

Und dieses Atmen war es auch, mit dem die Veränderung begann. Mit dem Atmen stimmte etwas nicht. Picasso hatte es bemerkt, lange bevor es Boas Reiter, einem Bankfilialleiter in notorischer Zeitnot, aufgefallen war; vermutlich sogar bevor Boa selbst die Irritation an sich wahrnahm. Von Tag zu Tag ein wenig mehr mischte sich ein Rasseln in das vertraute Atemgeräusch. Auch war es – aus Picassos Sicht – unübersehbar, daß Boa den Kopf nicht mehr höher als zur Waagerechten aufwarf. Diese Geste des Erkennens, wenn er nach ihr auf die Koppel gelassen wurde, bedeutete ihm viel. Picasso suchte das Signal durch verstärktes Werben, gestochenen Schritt und Blähnüstern hervorzulocken. Aber Boa spielte nicht mit. Sie spielte überhaupt nur noch in Andeutungen. Wenn sie wie früher seinen Mähnenansatz beknabberte, so geriet ihr das vorher so zärtliche Fest nur noch zu einer lustlosen Geste, als raspele sie, von Langeweile umnebelt, Holz von den Trennbrettern ihrer Box. Und das gegenseitige Kopf-an-Flanke-Reiben mißriet zur plumpen Schlenkerbewegung, gerade so, als wäre er ein Weidepfosten – und nicht Picasso! Er war verwirrt. Alarmiert. Unkonzentriert, wenn er ausgeritten wurde.

Schließlich war es dieser Frust des Wallachs, der die Stallbesucher auf Boas Anderssein, ihren schlechten Zustand aufmerksam machte. Hatte Picasso nicht das letzte Mal so reagiert, als Boa vor etlichen Jahren plötzlich fort war? (Die Stute war verkauft, der Handel aber später rückgängig gemacht worden.) Zu dem Zeitpunkt, als die

Menschen endlich anfingen, sich um Boa zu kümmern, hatte Picasso bereits seit zwei Wochen seinen Nachtschlaf aufgegeben, um alle Viertelstunde den Hals in die Nachbarbox hinüberzurecken. Der vertraute Leib schwitzte etwas aus, das angst machte. Mehrmals war jetzt der besonders schwere Schritt zu hören. Der Tierarzt. Er kam immer in einer übelriechenden Wolke, und diverse Menschen umstanden Boa. Die zeigte kaum Regung. Nicht einmal Furcht. Ihre Ohren hatten aufgehört zu spielen, sie standen flach abgespreizt und reglos. Die Vorderbeine waren leicht eingeknickt, nur ab und zu ein leerlaufendes Auskeilen mit einem Hinterbein – so als gälte es, einen unsichtbaren Feind auf Distanz zu halten.

Einmal, unmittelbar nachdem der Übelriechende da war, war es einen halben Tag lang so, als stünde wieder die alte Boa neben ihm: eine Reminiszenz alter Leichtigkeit, die weichen Nüstern, aus denen es aufmunternd prustete, das lässig-leichte Stupsen mit der Schnauze, mit dem Boa ihn aufzufordern pflegte, sich unverzüglich mit ihr zu befassen … Endlich war alles wieder wie früher, bis auf das veränderte Atemgeräusch.

Doch schon am nächsten Tag war die Wirkung der Aufbauspritze verklungen und die Fremdheit wieder da. Schlimmer als je zuvor. Das Rasseln war jetzt das alles beherrschende Geräusch. Als der Tierarzt wieder kam, und wieder in dieser Wolke, die nach Schmerz roch, bäumte Picasso sich in seiner Box auf und ließ die Vorderhufe fliegen. Selbst seine Besitzerin wagte sich nicht in seine Nähe. »Brav, Picasso, brav, Picasso … sei ein gutes Pferd«, flehte sie über das Paddock-Gatter hinweg, und Picasso merkte trotz seiner Erregung, daß ihr Gesicht verändert war. Die obere Hälfte des Gesichts war feucht wie nach einem Ausritt im Regen.

Als Boa fortgeführt wurde, war ihr Schritt unsicher, wie auf regennassem Fels. Die Lippen schleiften über den Zement, als gälte es, noch einmal en passant einen Grasbüschel abzuzupfen. Vor Nüstern und Maul stand blasiger Schaum. An Picassos Boxenschloß hob sie den Hals, nicht mehr bis zur Waagerechten, und brachte beinahe ein Schnauben zustande. Etwas, das noch ein wenig so klang, wie es klingen sollte. Eine dicke Schaumflocke fiel in Picassos Paddock. Der Exgalopper versuchte die Boxentür zu durchtreten, aber sie war erst vor einem Jahr erneuert worden.

Die Menschen hatten sich sehr um Diskretion bemüht. Alles geschah im toten Winkel, uneinsehbar für Picasso und die anderen. Aber als der leicht gewordene Leib seitlich ins Stroh kippte, flatterte ein »Urweltlaut« aus Picassos Box herüber; so jedenfalls nannte es der Tierarzt, der schon jedwede Lautäußerung eines Pferdes gehört hatte – bis auf diese. Picassos Reiterin war daraufhin in seine Box gestürzt, hatte den schönen Kopf festzuhalten versucht, der auf- und niederging, bis die Bewegung in einem Nicken verebbte. Eine zu kleine Bewegung für ein großes Tier.

Die folgenden Tage waren Abschied: Abschied vom Sommer. Die Feriengäste und ihre Ferienpferde waren, wie auf Verabredung, fast zur selben Stunde vom Hof gerollt. Verzichtbare Pferde nun allesamt. Manche mit extrem schlechten Manieren, unfähig, ihre Grenzen zu erkennen. Ein speckglänzender Rappe hatte sogar versucht, den Platz unter dem Weißdornbusch, den Platz, der einzig Boa zustand, zu besetzen. Das war ihm schlecht bekommen: Picasso hatte sich ansatzlos aus seiner Starre gelöst, und der Schwarze hatte sein Bißmonogramm weg.

Es brauchte derart grobe Reize, um Picasso eine Regung abzunötigen. Stundenweise stand er sonst da und ließ den schönen Kopf in einer Pendelbewegung hin- und herschwingen. Selbst Augustäpfel, schnalzend und flötend von seiner Besitzerin dargeboten, interessierten ihn nicht. Wenn Pferde auf die Koppel getrieben wurden, warf er kurz auf, nur um sogleich zurückzugleiten in dieses Pendeln, das nur von flüchtigem Grasen unterbrochen wurde. Entfernter Hufschlag von der Abreitebahn hatte manchmal eine süße Täuschung parat … nichts von Dauer.

Picassos Hüftknochen begannen sich in ungewohnter Schärfe abzuzeichnen. Am Unterbauch hingen ein halbes Dutzend Pferdebremsenbeulen – ein bewegungsloses Pferd ist ein leichtes Opfer. Der Tierarzt in dieser scharfriechenden Wolke stach ihm in die Flanke, und er verspürte ein kribbeliges Gefühl von Kraft, das aber nichts Nachhaltiges vermochte gegen seine Trauer.

Einzig auf den Reiter der abwesenden Boa reagierte Picasso heftig und mit weit vorgereckten Ohren: Dieser Mensch hatte stets Boas Nähe verheißen. Doch nicht jetzt. Nicht mehr. Boas Besitzer gab sich nun mit einer neuen, nichtssagenden Stute ab, die unnötig viele Bewegungen machte, als wäre sie in der Reithalle. Ihr Getrippel in der Nachbarbox war nervtötend.

Es gab ein Übermaß wohlschmeckender Dinge in diesem Frühherbst. Ausritte führten ausschließlich zu seinen Lieblingsplätzen, seine Herrin war liebevoll, lobte, tätschelte, säuselte. Aber Picasso wurde weniger. Und die besorgten Gespräche der Menschen vor und in seiner Box länger.

Als mit den ersten Novemberfrösten wieder der Atem die Nüstern umwölkte, schlug die menschliche Besorgnis n offenen Alarm um. Zu lange schon stand Picasso still auf der kalten Koppel, meist unter dem nun blattlosen Weißdorn, den Blick endlos auf das Gattertor gerichtet, durch das bisweilen Pferde kamen. Aber das richtige kam nie.

Man spendierte ihm eine doppelt gelegte Thermodecke, die ihn, immer wenn die Luftfeuchtigkeit stieg, seltsam erregte: Die Decke hatte in der Sattelkammer unter einer anderen gelegen, einer, die Boa im letzten Winter getragen hatte. Und wenn sich unter der Mittagssonne der Frost zu klebriger Feuchtigkeit verflüchtigte, kroch ein Geruch von achterwärts in Picassos Nüstern, ein Geruch, der Pferdebilder in seinem Pferdehirn aufsteigen ließ, schöne, wunderschöne Bilder – aber peinigend, schmerzhaft – und so hartnäckig wie Bremsen im Juli. Dann setzte der Exgalopper zu einem herausfordernden Stechtrab an, scheuchte die anderen Pferde unwillig beiseite, als wären sie lästige Stare, die im Frühsommer die Koppel in dichten Pulks auf und ab patrouillierten. Er wollte allein sein. Picasso ließ, während die Belästigten unwillig abschwenkten, ein fast kämpferisches Wiehern hören, nur um dann irgendwann wieder in Starre zu fallen, unterbrochen von längeren Phasen, in denen sein Kopf wieder der toten Zeit den Takt schlug. Picassos Trauer sprengte jedes Pferdemaß. Nur eine struppige, getigerte Katze vermochte ihm ein spitzschnutiges Vorrecken des Halses abzutrotzen. Es war die gleiche Katze, die es bisweilen fertiggebracht hatte, sich auf der liegenden Boa zu wärmen.

Es war Dezember geworden, da stand eines Morgens ein Pferdetransporter vor Picassos Box. Die Menschen, die ihn versorgten, waren zu einer radikalen Therapie bereit: Eine neue Umgebung sollte Picassos Trauer buchstäblich den Nährboden entziehen.

Aber als sie begannen, den schönen, nicht mehr jungen Exgalopper in den beräderten Metallverschlag zu schieben, bemerkten sie, wie Ronja, die Nachfolgerin in der Boa-Box, ein leises Kontaktwiehern hinter ihm herbrummelte. Und Picasso – antwortete. Da hielten die Chefs inne, sahen sich an, schauten erst auf Picasso, dann auf die Stute und lachten. Und man beschloß, noch ein wenig zu warten.

Opfer

Den meisten Menschen gilt der Hai als Monster.
Immer auf der Jagd, immer eine tödliche Gefahr.
Aber wer ist eigentlich blutgierig – der Hai?

Negapra wurde unruhig. In lasziven Schlängelbewegungen ließ sie ihren Dreimeterleib über den Seegrasrasen driften. Die Nickhaut schob sich über die großen Bernsteinaugen, so wie sonst nur beim Biß in lebendes Fleisch.

Der weiße Sand ein paar Meilen vor der Karibikinsel Rum Cay war in den letzten Stunden ihr Wochenbett gewesen. In der Dünung trieben noch durchsichtige Nabelschnüre, von einem dünnen Blutfilm verklebt. Das letzte von neun fertigen, gut sechzig Zentimeter langen Haibabys schlängelte sich gerade davon – etwas umständlich, etwas zuviel Schwanzeinsatz, mit weit gespreizten Brustflossen, so als mißtraute es noch dem eigenen Vortrieb. Negapra sah ihre weiße Miniatur hinter einem Vorhang aus Seegras verschwinden. Die Wasserdrucksignale, die sein noch unfertiger Schwimmstil zur Mutter zurückwarf, ließen den großen Fisch reflexartig zucken: Kranke Beute? … Nein, ein Kind! … Ziehenlassen!

Das lange Liegen hatte für Negapra, trotz der Geburtsstrapazen, auch sein Gutes; dafür hatten einige Dutzend Gestreifte Zehnfußkrebse gesorgt. Die kleinen, schockroten Wohltäter hatten der

Gebärenden die lästigen Seeläuse von den Flossenansätzen gepickt. Jetzt versuchten sie, sich die Reste der Plazenta gegenseitig aus den Scheren zu reißen und vollführten dabei einen wilden Wirbeltanz ihrer überlangen Antennen.

Negapras Unruhe war die Antwort auf ein Problem, das das Zitronenhaiweibchen immer deutlicher gespürt hatte: Sie litt unter Sauerstoffmangel. Die Pumpbewegung der seitlichen Kiemenspalten war auf Dauer zu schwach gewesen, um die flachen, roten Muskelstränge und das darunterliegende weiße Kompaktfleisch mit sauerstoffgesättigtem Blut zu durchpulsen. Als großer Hai braucht man dazu den Gegenstrom des Wassers, und Negapra wußte, daß der sich nur durch zügiges Vorwärtsdrängen herstellen ließ. Das wiederum erforderte ausreichend Muskelkraft, die gerade zu erlahmen drohte. Negapra löste das Dilemma mit zwei mühsamen Schwanzwischern. Die große, fahlgraue Spindel ihres Leibes ruckte gegen die Bodenströmung vor, und das Wasser begann wieder, die filigran gezähnte Haihaut zu massieren. Feinsand wirbelte vom Grund auf und rieselte ins Seegras zurück. Bald würde nicht einmal die Supernase eines Hais mehr ausreichen, um den Ort als »Kreißsaal« identifizieren zu können.

Mit der Geschwindigkeit kehrte die Kraft zurück. Die riesige Leber pumpte sich auf – gleiten, gleiten, gleiten. Zug für Zug straffte sich der Leib über dem weichen Knorpelskelett. Aus dem Fisch, der wie eine Grundmuräne dagelegen hatte, wurde wieder ein Hai – eines dieser Pendel, die seit 450 Millionen Jahren durch die Ozeane schwingen, deren Zähne schon die Wogen kämmten, als noch kein Insekt den Landraum erobert hatte, deren Rückenflossen schon die Gischt teilten, als Blütenpflanzen noch keine Wurzeln in die Urkontinente getrieben hatten.

Nachdem das Notsignal »Sauerstoffmangel« abgestellt war, wurde ein anderes um so deutlicher: Hunger! Negapra nahm – nun, da alle Muskelfasern wieder sauerstoffgebadet waren – die Geschwindigkeit zurück; das Morsegeräusch des vorbeiströmenden Wassers auf ihrer rauhen Haut hätte sonst ihre elektrische Hörfähigkeit behindert.

Was war in all dem Informationsinferno auszumachen? Da war zunächst einmal der alles überrauschende Eindruck eines nicht allzu fernen Riffes: uninteressant! Ein Zitronenhai jagt im freien Wasser, drückt sich nicht wie ein Weißspitzenhai an Felsüberhängen entlang, lungert nicht wie ein Wobbegong zwischen den Korallenstöcken herum.

Negapra drehte den Körper durch die warme Strömung, mit jeder Winkeländerung fluteten andere Reizkaskaden gegen die Sensoren in ihrer Haut und wurden im Gehirn auf Eßbarkeit abgefragt. Nach der dritten oder vierten voll ausgeschwommenen Sinuskurve stand der Körper des Hais wie erstarrt im Wasser. Da war ein Signal, zu schwach, um heftige Reflexe auszulösen, doch gerade noch deutlich genug, um alle anderen Sinne zu alarmieren.

Negapra pendelte die breite, stumpfe Schnauze wie eine Kompaßnadel auf die vielversprechende Richtung ein, nahm Fahrt auf, ließ das Wasser konzentriert über das Riechorgan in der Nasengrube strömen. Die Nase mußte jetzt die Ahnung bestätigen.

Und die Duftspuren verstärkten sich: Beute vom Feinsten. Der unwiderstehliche Geruch nach Fischfleisch und Ausscheidungen lag plötzlich als deutliche Duftstraße im Wasser. Die Breite der Straße war eine Einladung. Der große Fisch beschleunigte bis an den Rand dessen, was sein noch etwas geschwächter Leib herzugeben vermochte. An der Rückenflosse zerrte jetzt bei der geringsten

Verlagerung des Körperschwerpunktes ein immenser Wasseran-
druck. Bei dieser Geschwindigkeit reichte eine fast nur gedachte
Körperwendung, um die Richtung zu wechseln.

Auge und Ohr brachten Negapra schließlich die gewünschte
Sicherheit: Als sie das ungeheuerliche Rauschen eines Makrelen-
schwarmes wahrnahm und fast gleichzeitig die Wolke erkannte, die
sich knapp unterhalb der Wasseroberfläche ausbreitete, nahm sie
abrupt die Geschwindigkeit zurück. Jetzt keine dramatischen
Bewegungen, die den Riesenschwarm nur in Unordnung gebracht
hätten!

Ein satter Hai kann unbeachtet wie eine Suppenschildkröte durch
einen Makrelenschwarm schwimmen. Aber Negapra war hungrig,
brüllend hungrig, jede Körperzelle schrie ihre Absicht, Beute zu
machen, ins umgebende Wasser hinaus, und der Schwarm würde es
merken, würde sich zu einem chaotischen Knäuel verwirbeln, in
dem ein weitaufgerissenes Haimaul nur allzu leicht ins Leere stieß.
Aufs Auge kam es jetzt an. Es galt, die kaum sichtbaren Verzögerun-
gen wahrzunehmen, mit denen kranke und geschwächte Fische am
Rande der glitzernden Wolke auf die Gesamtbewegung ihres
Schwarms reagierten, Abweichungen im Hundertstelsekunden-
bereich. Feinarbeit für Sprintjäger.

Negapra schob sich ohne sichtbare Bewegung bis auf zwei Meter an
den äußeren Rand des Schwarms heran. Der Flottillenverband
machte eine einzige synchrone Pendelbewegung, so daß die Wand
aus Fischleibern plötzlich in der Sonne aufblitzte, ein gigantischer
Spiegel aus unzählbaren Mosaikteilchen. Doch schon der nächste
Pendelschwung färbte die Armada wieder stumpfgrau.

Die erste Attacke gelang. Den zweiten Fisch verfehlte sie, Angriff
drei und vier waren wieder erfolgreich: packen, schnell schlucken,

abdrehen, um die Irritation des Schwarms so gering wie möglich zu halten, dann erneuter Angriff.

Doch aus dem Nichts waren da plötzlich drei Schatten über ihr, schnelle Schatten, schneller als sie, begleitet von einem höllischen Gurgelgeräusch, wie es nur Wale, Robben und eben … Delphine zustande bringen können: Lungenatmer.

Negapra schwenkte ab. Vor Jahren hatte ein Delphin seine Torpedoschnauze in ihren Unterbauch gerammt, und nur der glückliche Umstand, daß der Angreifer bei seiner Attacke wohl zu furios zu Werke gegangen war und deshalb vom Rammstoß selbst leicht benommen war, hatte Negapra vor Schlimmerem gerettet. Aber es hätte dieses Erlebnisses nicht einmal bedurft: Als Zitronenhai weiß man mit aller Instinktschärfe, daß ein Delphin zu den wenigen Dingen gehört, denen man ausweichen sollte. Und dann auch noch drei von dieser Sorte!

Negapra schwamm einige Dutzend Meter parallel zum Schwarm. Irgendwann würden die furchtbaren Drei satt sein. Ihre überlegene Jagdtechnik würde dafür sorgen, daß man auf diesen Moment nicht allzulange warten müßte. Negapra taxierte Größe und Geschwindigkeit der Delphine. Außerdem verriet eine kräftige Blutspur den keilförmigen Zickzackkurs, den die drei durch den Schwarm pflügten. Unbegreiflich die Aufschlagshärte der Schwänze, unfaßlich die Geschwindigkeit, mit der sie die Richtung änderten, enervierend die Jagdschreie des Trios, das es nicht nötig hatte, sich auf geschwächte Tiere zu kaprizieren. Jede Makrele in Reichweite war chancenlos, wurde mit einem Vielfachen ihrer Höchstgeschwindigkeit überspurtet.

Wenn jetzt der Trupp da wäre, ihr Trupp, bräuchte man den drei Berserkern nicht auszuweichen. Ein Trupp von acht Zitronenhaien wäre auch für Delphine ein Faktor. Der Trupp fehlte. Als sie sich vor etlichen Stunden zum Gebären auf den weißen Sand vor Rum Cay hatte sinken lassen, waren die sieben großen Fische zögernd davongezogen, nachdem sie Negapra eine Weile umrundet hatten wie eine wehrlose Beute.

Es war gut und richtig, daß sie fortgezogen waren, denn die frischgeborenen Junghaie hatten ideale Beutegröße und ihre noch unperfekten Schwimmbewegungen waren ein fast unwiderstehliches Signal zum Angriff. Doch nun fehlte der Trupp, die wohltuenden Schatten waren fort, man war darauf angewiesen, jedes Wasserzeichen selbst zu lesen. Ja, man war sogar gezwungen, drei Delphinen auszuweichen. Die Tiefen waren tiefer, die Signalflut dichter, die Beutefische schneller, die Tage keine Haitage. Der Trupp fehlte. Unwillkürlich hatte der Zitronenhai den Sicherheitsabstand zu den Delphinen vergrößert, zu sehr verwirrte ihn die Rasanz der Kleinwale. Negapra ließ sich zurückfallen. Es würde andere Beute geben, leichtere womöglich, und ohne die begleitende Drohung von Todfeinden. Und der gröbste Hunger war ja gestillt. Das Elektrogezirpe des großen Schwarms verebbte zu einem fernen Grundrauschen, die aufreizenden Geruchsspuren von Makrelenblut verloren sich.

Der nächste Tag, der erste nach der Geburt im Seegraswald, begann mit einer unerbittlichen Forderung: Beute, möglichst schnell, möglichst viel! Negapra hatte die Südküste von Rum Cay im weiten, gemächlichen Suchkurs umrundet. Trotz des Hungers fühlte sie sich gut – Hunger ist ein ständiger Haibegleiter und daher nichts Bedrohliches.

Die See roch nach Quallen, ungenießbaren, schwer definierbaren Erscheinungen, und nach Partikelchen, die der letzte Sturm von den umliegenden Riffen gebrochen hatte. Eine Seeschlange, die sich vom Grund ins offene Wasser emporgetraut hatte, nahm Negapra im Vorbeischwimmen mit, auch eine kleine Reisegesellschaft von Tintenfischen verschwand vollständig hinter ihren enggestaffelten Zahnleisten.

Negapras Suche beschränkte sich nicht auf Beute. Nun waren es schon 24 Stunden, daß sie sich von ihrer Gruppe getrennt hatte, um zu gebären. Die Nähe der vertrauten Gestalten, an deren Seite sie seit Jahren zwischen nördlicher Karibik und der Höhe von Nantucket umherstreifte, wäre ihr in diesem Moment ebenso lieb gewesen wie Beute. Es gab Spezialisten in der Gruppe, die einen Fischschwarm oder eine schwimmbehinderte Robbe entscheidende fünfhundert Meter früher orten konnten als man selbst. Oder der Hai mit den ausgeprägten Narben am Schwanzansatz – Spuren heftiger Liebesbisse. Die Gezeichnete war seit Jahren Negapras Nachbarin bei der Jagd, sie war von überragender Sinnesschärfe und außerdem noch unfehlbar, wenn es darum ging, einen besonders angenehmen Rastplatz auf dem Meeresgrund zu finden.

Beute wäre gut, aber die Gruppe wäre besser …

Als das Licht weniger wurde und schon an der Meeresoberfläche diffus verrieselte, ließ sich Negapra absinken, bis zu jener Stelle, wo das warme Wasser jäh in Kälte umschlug. Dort hielt sie sich mit minimalem Flosseneinsatz in einer Halbschlafschwebe, nur ihre Sinne blieben auf Suchschaltung. Jede Druckanomalie, die sie treffen würde, jede Verzerrung der elektrischen Normalsituation würde sie wecken. Für Haie sind Wachen und Schlafen kein Widerspruch.

Eine Meldung ließ Negapra aufschrecken. Sie spürte einen überaus starken Reiz, so hämmernd, daß der große Zitronenhai erst eine ungläubige Orientierungsschleife zog. Kein Zweifel! Etwas Großes wand sich in Todeszuckungen, nicht weit … Und da waren sogar schon Geruchsspuren. Beschleunigend verfiel sie in eine Pendelbewegung: eine widersprüchliche Kombination aus Eile und Abwarten, ein Kompromiß aus stop and go, der genau der Widerspruchslage in ihrem Haihirn entsprach: Der Impuls »Angriff« war stark, aber etwas anderes verlangte Zurückhaltung. Dieses andere war die Narbe einer Erfahrung; es hatte schon einmal diese absolute Überdeutlichkeit von Signalen gegeben.

Damals war es ein Fleisch, aus dem beim Zubeißen ein nie gespürter Schmerz aufschoß. Ein Schmerz, der festhielt. Und während damals ihr Angriff in eine Art Lähmung umschlug, umrundete der Trupp in enger werdenden Zirkeln die Gefangene. Große leere Augen drifteten vorbei, in denen nichts stand. Denn daß eine Beute den Jäger mit sich fortzieht, kann es nicht geben, und auf etwas, das es nicht gibt, kann man nicht reagieren. Mit einer besinnungslosen Alles-oder-nichts-Kraft hatte sich Negapra damals gegen das Unbekannte gestemmt. Schließlich hatte es einen harten Ruck gegeben an Gaumen und Maul, und sie war frei, zog eine dicke Schliere eigenen Blutes mit sich fort und war wieder frei. Das lag nun bald ein halbes Haileben zurück.

Vielleicht hätte diese zum Warnreflex gewordene Erinnerung ausgereicht, um Negapras Angriff zu stoppen. Aber da war plötzlich noch etwas: Spuren, schon etwas verwischt, aber eindeutig! Der Trupp! Er war hier. Sie hatte ihn wiedergefunden! Alles paßte. Beute. Der Trupp. Das Leben fand wieder statt.

Und als wäre das Gute noch nicht gut genug, spürte Negapra noch etwas; eine ganz spezielle Ahnung lag im Oberflächenwasser: die Gezeichnete, Negapras Truppenachbarin, die Haifrau mit der besten Fernortung weit und breit. Die Gezeichnete mußte dieses

Wasser hier geteilt haben … Beute war gut, der Trupp war besser, die Gezeichnete aber das Beste.

Negapra hatte den Bremsreflex jetzt völlig überwunden, ihre Vorwärtsbewegung war nur noch schnörkellos geradlinig. Als sie der Geruch weit und breit und elementar anströmte, ging sie tiefer. Sie würde von unten, aus dem Dunkel kommend angreifen. Und die anderen würden schon da sein. Die unkoordinierten Bewegungen der Beute sagten ihr, daß mit einer Flucht wohl nicht zu rechnen wäre; so bewegten sich Tiere, kurz bevor sie nach der ersten Attacke abwärts trudelten.

Plötzlich ein Reißen an Kopf und Flossen. Etwas Hartes schnitt beidseits in Negapras vordere Kiemenschlitze. Alle Sinnesrezeptoren funkten wie in einer Spontanentladung durcheinander.

Die Männer auf dem Spezialschiff hatten von der Reling aus den enormen Ruck im Stellnetz gesehen. Es hatte diesen Abend schon etliche Male geruckt, aber noch nie so stark. Typisch für einen Zweimeterfünfzighai, vielleicht war es sogar ein dollarschweres Dreimetertier. Ein kurzes Kommando in koreanischer Sprache, und eine Hochleistungswinde spulte das Netz an Bord.

Die ertrunkenen Delphine beachteten die Männer nicht. Über die zuckenden Fischleiber, darunter einige Dutzend Barrakudas und zwei Merline, stiefelten sie desinteressiert hinweg. Ihre Tauchermesser fuhren in die heftig peitschenden Haileiber. Schnelle Schnitte, die viel Übung verrieten, waren das. Rücken- und Bauchflossen platschten aufs Deck: einige tausend Dollar, Edelstoff für die Gourmetküchen der feinen Welt. Der Ertrag eines Tages wurde zwischen hilflos schnappenden Haikiefern eingesammelt. Schnell, diszipliniert, geschäftsmäßig.

Das Haifleisch würde man nicht brauchen; beim derzeitigen Weltmarktpreis für Haikoteletts lohnten Kühlung und Transport nicht. Die verstümmelten Leiber von acht Haien schob eine hydraulische Eisenschaufel zurück ins Meer.

Einem noch lebenden Riesenbarsch ritzte ein Matrose mit dem Messer den Schuppenpanzer und legte ihn an robusten Angelschnüren als neuen Hai-köder aus – mitten in einem Geviert aus Stellnetzen. Ein guter Tag für die Spezialisten auf der Star of Seoul.

Negapra taumelte in einer Wolke aus Blut und Schmerz abwärts. Die Schwanzflosse zuckte krampfig, vermochte den großen Leib nicht mehr aufzurichten. Um die Längsachse trudelnd stürzte Negapra in die Tiefe wie ein abgeschossenes Flugzeug. Die Befehle aus dem Haihirn, den Absturz zu stoppen, trafen nur noch zuckende Flossenstummel, aus denen tintige Schlieren aufstiegen.

An Bord der Star of Seoul unterbrach man das Tageseinerlei mit einer Runde australischen Dosenbiers. Man feierte die Beute und besonders den großen Fisch; denn es kam in letzter Zeit nicht mehr oft vor, daß sich unter den gefangenen Zitronenhaien Drei-Meter-Exemplare befanden.

Die Wespe

Ihre Karriere begann, wie es im Biologiebuch steht.
Die Frühlingssonne weckte sie aus der Winterstarre.
Rasch machte sie sich an den Nestbau, gründete
ihren eigenen Staat, ließ sich von den Arbeiterinnen
umsorgen – und dann gab es ein seltsames Finale.

Das oft Geglückte mißlingt. Dutzendfach schon hat sie leichtfüßig auf einer Wasserfläche gestanden und getrunken; mit wippendem Hinterleib, von der Wasserhaut getragen, alle sechs Beine weit gegrätscht wie die Ausleger eines Bootes. Ein Kinderspiel, diese Übung. Das hat eine Wespe schon drauf, wenn sie zum erstenmal die enge, muffige Welt des Nestes verläßt.

Aber dieses Mal ist es anders. Schon beim Einflug in das Glas, aus dem der verlockende Duft aufstieg, hatte sie ein Luftwirbel erfaßt, der von allen Seiten gleichzeitig zu kommen schien. Doch eine erfahrene Wespe läßt sich selbst davon nicht irritieren. Der Futterinstinkt ist stärker.

Gierig taucht sie die behaarte Doppelzunge in den betörend süßen Sirup …, und dann geht alles rasend schnell.

Etwas leimt den Rüssel fest. Das vordere Beinpaar schließt reflexartig die weite Grätsche, um sich gegen den Sog zu stemmen. Die scharfen Wespenkrallen zerreißen dabei die Oberflächenhaut der

Flüssigkeit. Beine und Kiefer tauchen tief in den zähen Marmeladenmorast.

Schrecksekunden leisten sich Wespen nicht; die ganze Kraft der muskulösen Brust peitscht den Flügelschlag bis an die Grenze der Schwirrkraft. 300, 400 Flügelwirbel pro Sekunde. Doch das Notprogramm, sonst jeder Gefahr gewachsen, läßt dieses Mal nur den Hinterleib hochkippen, dippt Kopf und Brust voll in die Klebetunke.

Die silberglänzenden Spitzen einer Kuchengabel sausen auf die Wespe nieder. Wie in Zeitlupe registrieren die Facettenaugen jedes der bedrohlichen Details.

Der Schlag trifft, die Bilder bleiben stehen, das Insektenhirn verheddert sich in einem Wirrwarr von Befehlen. Aus dem Chaos blitzt etwas auf, etwas, das ein strukturierteres Gehirn als Erinnerung kennt.

Mit dem Licht nach dem Winter, eine Wespenewigkeit liegt das zurück, war sie erwacht. Noch lähmte die Kälte ihre Bewegungen. Den Winter hatte sie in einer altersschwachen Weide verschlafen. Die Ritze reichte weit ins Holz, dort war sie vor Frost geschützt. Ohnehin hatte das milde Wetter ihren Schlaf kaum gefährdet. Den Herzschlag auf ein müdes Pochen reduziert, konnte sie das entscheidende Fünkchen Leben vom Herbst in den Frühling herüberretten. Als die Sonne an Kraft gewann und das Weidenholz wärmte, begann die Hämolymphe, das dünnflüssige Insektenblut, durch den gelbschwarzen Körper zu pulsieren.

Es wirkte noch nicht sehr elegant, wie sie aus dem Winterbett stakste. Die fünfgliedrigen Krallen fest ins Weidenholz gehakt, nahm sie ihr erstes Sonnenbad, reglos, nur die sanft geschwungenen Antennenfühler zitterten im Wind. Den Winter hatte sie die Doppelflügel, wie Fächer der Länge nach gefaltet, seitlich an den Rumpf geklappt. Langsam zog sie den hauchfeinen Flugapparat auf den Rücken. Die Reißverschlußzähne an der Kante der Vorder- und Hinterflügel hatten die lange Zeit der enggepreßten Patentfaltung schadlos überstanden. Sie hakte die Tragflächenpaare zu großen, elastischen Schwingen zusammen. Dann war sie startklar.

Noch wäre es ihr unmöglich gewesen, vor einem Feind zu fliehen. Doch die Signalfarbe ihres gelbschwarzen Wespenkleids warnte vorüberfliegende Insektenfresser: Vorsicht, wehrhaft! Schnabel weg!

Und nun, einen Wespensommer später, sitzt sie in der Marmelade fest. Zunächst noch benommen vom Schlag mit der Gabel, wie angeschweißt an das zähe Zeug. Dann funktionieren die Reflexe wieder. Die Vorderbeine zappeln über die klebrige Masse, finden Halt an einer Zuckerkruste. Die Wespe arbeitet sich mühsam vorwärts. Ein paar Flügelwirbel noch, der Hinterleib ist schon fast frei. Da drückt eine gewaltige Kraft auf ihren Kopf, die Kuchengabel stempelt ihn erneut tief ins Fruchtmus. Sie fährt den Stachel aus, drückt ein Tropfen Gift aus der Drüse: Seratonin, Acetylcholin und Histamin, eine gemeine Mischung. Doch der Stich geht ins Leere. Vergebens suchen ihre Krallen neuen Halt.

Dabei hatte alles so vielversprechend begonnen – eine Wespenkarriere aus dem Biologiebuch. Ganz in der Nähe der Weide, auf der sie ausgezehrt in den Frühling startete, stand eine Braunwurzelblüte. Die schließt ihren Nektar nicht in tiefe Kelche ein – für kurzrüsselige Insekten der ideale Schnellimbiß. An dem schwarzgrünen Brummer auf der Nachbarblüte hatte die Wespe kein Interesse.

Fleisch ist in ihren Kreisen Kinderkram, die Erwachsenen halten sich an Süßigkeiten. Und bis endlich Nachwuchs kommen konnte, war noch viel zu tun.

Die warmen, trockenen Tage beschleunigten das Leben enorm. In den Sonnenstunden raspelte die Wespe das grauverwitterte Oberholz von der Wand eines alten Schuppens. Das war das Baustoffdepot für ihr Nest. Was für eine Arbeit für eine künftige Königin! Unermüdlich mahlten die scharfen Kieferzangen. Kein auffälliges Körpermerkmal zeichnete sie als Stammesmutter aus. Die Königin ist die erste Dienerin ihre Volkes.

Die abgelösten Holzspäne wurden eingespeichelt und zwischen den Mundwerkzeugen zu kleinen Ballen geformt. Die trug sie an einen Ort, den ihr Wespeninstinkt als günstigen Bauplatz erkannt hatte.

Wäre sie eine deutsche Wespe gewesen, hätte sie vermutlich einen verlassenen Maulwurfsgang gewählt oder sich in einem Haselstrauch eingenistet. Ein Unterschlupf irgendwo draußen in der Natur paßt zum wilden Wesen dieser Gattung.

Aber sie als sächsische Wespe zog es in die Nähe der Zivilisation, der Menschen. Für den geschulten Blick war sie an ihrem breiten schwarzen Kopffleck als Dolichovespula saxonia zu identifizieren. Ansonsten glich sie der deutschen Verwandtschaft bis aufs Pelzhaar: starke Brust, enggeschnürte Taille, elliptisch gerundeter Hinterleib – jedenfalls kein so flacher, schmalbrüstiger Schlupfwespentyp.

An einem Balken befestigte die designierte Königin einen nagelstarken Docht. Das Material dafür hatte sie besonders gut durchgekaut, denn dieser dünne Stift sollte später das ganze Nest tragen. Einige hundert Untertanen ihres Königreichs würden im Hochsommer in der kugelförmigen Behausung daran hängen. In friedlichen

Zeiten, bei gutem Wetter und reichlich Nahrung, wenn die Staaten-
bildung flott vorangeht, kann die Nestpopulation auf bis zu 400, bei
der deutschen Wespe sogar auf mehrere tausend Einwohner wach-
sen – je nachdem, wie viele Generationen schlüpfen. Doch
zunächst der Grundstock.

Den Docht aus grauem Holzmörtel ließ die Wespe allmählich in die
Form eines schlanken Eierbechers auslaufen. Im Klammergriff zwischen Kiefer und Vorderbeinen schleppte sie die Mörtelmasse
heran, setzte sich, drei Beine innen, drei Beine außen, auf die noch
feuchte Außenwand des Eierbechers und verschweißte die Zellu-
loseschichten zu einem neuen Papierring.

Das filigrane Bauwerk wuchs zu einem hängenden Trichter und
zeigte sich schon bald in verschiedenen Grautönen. Doch trotz der
wechselnden Schattierungen blieb die Löschblattstruktur des Bau-
stoffs immer die gleiche. Die Mischung ist im Wespenhirn starr pro-
grammiert. Kreisförmig baute sie ihr Nest auf. Etwa acht Zellen
schaffte sie in zehn Tagen. Schneller konnte es erst gehen, wenn der
Nachwuchs ins arbeitsfähige Alter kommen und mithelfen würde.
Schon der Rohbau der ersten, noch offenen Etage ließ schließlich
erkennen, was da von der Decke Richtung Boden wuchs. Ein Brut-
kammersystem.

Die Urmutter war solo, kein Wespenmann in Sicht. Doch sie trug
die Samenbank bei sich – eine Spermatasche, die ihr im Vorjahr eine
Wespendrohne gefüllt hatte. Den Samen hatte sie über den Winter
in die neue Saison herübergerettet. Vorrat genug, um einen ganzen
Sommer lang die wichtigen weiblichen Nachkommen in die Welt
zu setzen. Aus unbefruchteten Eiern entstehen nur Männer.

In die Innenwände der ersten fertigen Nestzellen baute die Archi-
tektin gleich befruchtete Eier mit ein. Schon ein paar Tage später

schlüpften die ersten Larven. Die Nestgründerin war nun nonstop auf den Flügeln: Der nudelrunde weiße Nachwuchs verlangte nach Fleisch. Sobald der Nachschub ins Stocken geriet, mahnten die nimmersatten Freßorganismen mit knarrenden Bettelgeräuschen, die sie durch Scheuern an den Zellwänden erzeugten, neues Futter an. Die Wespe hatte alle Krallen voll zu tun.

Fertiggestellte Zellen mußten mit Eiern belegt, die Außenhülle des Nestes tiefer gezogen werden, um den Nachwuchs warmhalten zu können. In diesen Frühsommertagen höchster Arbeitsbelastung blieb der Gründerin kaum eine freie Minute, um auf Blüten oder an saftenden Baumwunden Kraft zu tanken.

Aber alles ging seinen Gang. Ihre erstgeborenen Larven häuteten sich zum drittenmal: Unter ruckartigen Bewegungen entledigten sie sich ihres Kleides, das vorschriftsmäßig am Rücken aufgeplatzt war. Wenig später spannen sie sich in einem Kokon ein, schlossen ihre Kammer oben mit einem gewölbten Deckel und reiften in zwei Wochen zu Wespen heran.

Das letzte Stückchen zur Vollendung, zur Vollwespe, mußten sie sich freikämpfen: Den Deckel zernagten sie ohne Hilfe der Mutter. Für die begann, kaum daß die erste Generation von Arbeitswespen geschlüpft war, ein neuer Lebensabschnitt. Die jungen Weibchen hatten zwar verkümmerte Keimstöcke, aber einen gutentwickelten Brutpflegeinstinkt. Sie waren, kaum dem Kokon entstiegen, ab sofort die Ammen des Königinnennachwuchses. Sie vergrößerten das Nest, das sich langsam zum birnenförmigen, mehrstöckigen Kuppelbau bauschte, sie jagten Insektenbeute und schleppten wohlportionierte Fleischbällchen vor die Freßwerkzeuge der Larven. Und dann ließen sich die Ammen, ausgewachsene Wespen, vom eigenen Nachwuchs füttern. Betrillerte eine Arbeiterin den

Kopf einer Larve, sonderte die einen offenbar höchst schmackhaften Speicheltropfen ab. Diese Hausmacherkost half den Arbeiterinnen, auch an Tagen mit extrem schlechtem Flugwetter bei Kräften zu bleiben.

Jetzt hatte die Nestgründerin Königinnenstatus. Die Arbeiterinnen schleppten ihr in ihren Kröpfen Nährschleim heran. Die Ammen bedienten sich nach festgelegtem Bettelritual auch gegenseitig: Von Kropf zu Kropf wurde Nahrung von außen in die Tiefe des Nestes weitergereicht.

Für die Wespenkönigin waren das einförmige Tage: Eier legen, gefüttert werden, Eier legen, gefüttert werden. An heißen Nachmittagen, wenn die Nestinnentemperatur bedrohlich über die optimalen dreißig Grad zu klettern begann, trugen die Arbeiterinnen Wasser in den Bau und versprühten es flügelschwirrend. Die Königin mußte nun nicht mehr das Nest schützen, sondern wurde unablässig umsorgt.

Und dann plötzlich griffen Feinde den Wespenstaat an. Aphomia-Mottenraupen waren unbemerkt in das Nest eingedrungen. Mit einem Vorhang feingesponnener Schnüre hatten sie zwei Stockwerke zur Hälfte abgeriegelt. Ungestört von den Wespenarbeiterinnen verzehrten sie hinter der undurchdringlichen Jalousie die jungen Larven.

Den Angriff auf den Wespenstaat registrierten die Arbeiterinnen lediglich als Bildstörung. Das Nest stimmte nicht mehr überein mit ihrem eingeprägten Vorbild von einem ordentlichen Zuhause. Auf die Irritation reagierten sie – mit einem Mauerbau. Sie errichteten Sperrwerke, um den fremdgewordenen Nestteil abzutrennen, und dämmten auf diese Weise die Mottenseuche ein.

Es war Hochsommer geworden. In den etwas größeren Brutzellen der unteren Stockwerke des Nests wuchsen Geschlechtstiere heran, unverkümmerte Weibchen und Drohnen. Die ersten Weibchen verpaarten sich mit den kurzlebigen, stachellosen Drohnen, um im nächsten Jahr einen eigenen Staat zu gründen. Sie waren die künftigen Königinnen. Der Arbeitskräftemangel – es wuchsen jetzt fast nur Geschlechtstiere und kaum noch Arbeiterinnen nach – ließ viele Larven unterversorgt. Immer häufiger mußten die Arbeiterinnen wachsbleiche, verschrumpelte Larvenleichen aus dem Nest tragen, um sie draußen, in gehöriger Entfernung von der Wohnstatt, abzuwerfen.

Das Gemeinwesen hatte schon den Zenit seiner Entfaltung überschritten, als noch einmal Aufruhr in die geschwisterliche Gesellschaft kam. Okkupandenwespen der Gattung *Pseudovespula adulterina* – besser gepanzert und beißstärker als die sächsischen Wespen – eroberten Stockwerk um Stockwerk das Nest. Sie übernahmen die Herrschaft, belegten die freien Brutzellen mit ihren Eiern.

Sie eroberten und unterdrückten unschuldig, mit der Selbstverständlichkeit von Lebewesen, die einem simplen Verhaltensschema folgen. Ihre Larven wurden von den verbliebenen sächsischen Ammen aufgezogen, so selbstverständlich, als wären sie legitime Königskinder.

Die alte Monarchin überlebte die Invasion; vermutlich, weil sie sich zur ungeschlechtlichen Arbeiterin zurückstufte. Oder zurückgestuft wurde. Auch das gibt es im Wespenreich: eine entthronte Königin.

Doch Thronverlust bedeutet auch Freiheit, die Freiheit, das Nest zu verlassen. Endlich wieder sattes Schwarz! Schwarz ist für Wespen eine unwiderstehliche Verlockung, denn so erscheinen ihnen die nektarreichen roten Blüten. Dem Farbreiz der Geranien folgte die Wespe auf die Terrasse des Hauses. Aber dort lockte sie der süße Duft der Marmelade ins Glas.

»So ein Scheißvieh!« Mit der Kuchengabel drückt jemand die Wespe, die sich schon fast wieder freigekämpft hatte, gegen das durchsichtige Rund, hebelt das reglose Insekt auf den Tisch, fegt es auf den Boden. Ein kurzes Knirschen unter der Schuhsohle. Ende einer Königin. Sommerende.

Tanz, Shiva, tanz!

Sie war eine Kobra wie viele Kobras in Mahaba-
lipuram: Sie mußte tanzen, weil die Menschen es so
wollten und weil ein inneres Gesetz es ihr befahl.
Doch dann kam der Tag, an dem ein kleiner Junge
sie aus ihrem Reisstrohkorb hob …

Die Sache mit Rameshs Schlange wäre nie passiert, wenn sein Enkel Ramu nicht irgend so einem hergelaufenen Pandit zugehört hätte – einem Hindupriester, der für Rupien Segenssprüche murmelt. Der Mann hatte von der Heiligkeit der »Nulla Panbu« erzählt. Nulla Panbu ist das tamilische Wort für »gute Schlange«, gemeint ist damit die Kobra.

Für den alten Ramesh sind Kobras, die mit dem prächtigen doppelaugengezeichneten Rückenschild, allemal gute Schlangen. Seit nicht nur gläubige Hindus aus allen Teilen Indiens in die Tempelstadt Mahabalipuram strömten, sondern auch Touristen aus aller Welt die heiligen Reliefs anblitzten, lebte Ramesh ganz gut davon, Kobras gegen Geld vorzuzeigen, tanzende Kobras. Einer kleinen Kürbiskalebasse, nach unten mit einem Bambusstab zu einer Flöte verlängert, ließen sich Geräusche entlocken, die den pedalgetriebenen mobilen Zahnarztbohrern nicht unähnlich waren, wie sie im ganzen Chengalpattu-Distrikt noch heute üblich sind. Die Schlange konnte dieses Geräusch nicht belästigen. Sie war taub wie alle Schlangen, und die bernsteingerandeten dunklen Augen fixierten nur den bewegten Teil, die Flöte. Dieses Fixieren mochte eine

99

Erinnerung der unbewußten Art sein an die Tage, in denen man Angreifer aller Art hochaufgerichtet in die Flucht drohen konnte, den Nackenschild zu großer Prächtigkeit gerundet.

Ramu war der Enkel des Schlangenbeschwörers. Er hatte sich im Laufe seines neunjährigen Lebens nie um die Kobras in den Flechtkörben des Großvaters und Familienvorstandes geschert. Sie waren eben da, weil überwiegend Weißgesichter allein für ihren Anblick bezahlten. Das war schon ein wenig seltsam, aber auch nicht seltsamer als die Tatsache, daß Weiße – von denen Ramu aus der Schule wußte, daß sie andere Götter haben – für eilig fabrizierte Shiva-Tonfiguren bis zu fünfhundert Rupien zahlten. Von dieser unbegreiflichen, aber willkommenen Tatsache lebten Ramus Vater, seine Mutter und sieben Geschwister, alle jünger als Ramu.

Alles war gut, und gut hieß mal besser, mal schlechter, aber nie ganz schlecht. Zu den hohen Festen strömten die Massen, in der Regenzeit wurden wenige Figuren verkauft. Ein Tag glich dem anderen, Ramu lernte die schnörkelreiche tamilische Schrift und genug Englisch, um bei Shivas Vermarktung hilfreich zu sein. Ja, er konnte sogar in einer Sprache, deren Namen er nicht kannte, »Heilick Shiva, heilick Shiva, nicht teurrr!« sagen.

An einem Ort, wo so viele Götter wohnten, fiel für Ramus Eltern und Geschwister genug ab, um würdig leben zu können. Und alles wäre für Ramu auch so geblieben, wenn nicht eines Tages ein Pandit vor dem großen Relief erschienen wäre, das den Fall der Ganga, des göttlichen Flusses, aus dem Himmel zeigt. Nachdem er Hindus und Nichthindus unter allerlei Singsang das dritte Auge auf die Nasenwurzel gepunktet und ein gutes Geschäft gemacht hatte, streckte er sich neben Ramu im Schatten zur Mittagsruhe aus und begann, ziemlich unvermittelt, von Göttern und Geld zu erzählen.

»Ihr verkauft Shiva-Figuren, mein Sohn? Gut, gut. Shiva ist der große Verwandler, der kosmische Tänzer. Wer Shivas Schutz genießt, kann auf vieles verzichten. Solange Shiva tanzt, kann Rudra, das Feuer des Jüngsten Tages, uns nicht verzehren. Da drüben, vor dem Ganesha-Schrein, sah ich Shiva gerade tanzen, in der Gestalt der Nulla Panbu. Shiva tanzt den Tanz der Kobra. Der kosmische Tänzer kennt alle Tänze der Erde. Heute tanzt er als Schlange, und schon bald tanzt er wieder den Tanz der ungezählten Regentropfen.«

Ramu erschrak, aber er ließ es niemanden merken. Am nächsten Tag betrachtete er die Schlange seines Großvaters genauer. Eine Schlange, die ein Gott ist, verdient genaue Betrachtung. Auf dem braungestrichelten Rückenschild mit dem dunklen Doppelauge lag Staub, von unzähligen frommen und unfrommen Pilgern aufgewühlt. Ramu versuchte in den langsamen Pendelbewegungen von Nulla Panbu das Göttliche zu entdecken, den Shiva-Tanz. Aber es waren langsame, müde, ja sterbensmatte Bewegungen, die im übrigen nur schlecht zum Auf- und Abschwellen der Flötenmelodie paßten. Einer Melodie, die eigentlich keine war. Darf man einem Gott so schlechte Musik vorspielen? dachte Ramu. Und als er es noch dachte, bemerkte er etwas, das ihn unter seiner dunkelbraunen Haut blaß machte. Jemand – und dieser Jemand konnte eigentlich nur der Großvater sein – hatte der Gottschlange mit dünnem schwarzem Zwirn das Maul vernäht. War schon die Frage, ob man einen Gott in einen engen Korb aus geflochtenem Reisstroh sperren darf, nur schweren Herzens mit Ja zu beantworten, so war die Frage, ob man einem Gott den Mund zunähen darf, schon als Frage eine Ungeheuerlichkeit. Ramu wollte sich gegen den Großvater empören, aber der wedelte ihn nur mit einer Handbewegung fort: »Scher dich an den Stand und verkauf dein Zeugs!«

Was Ramu nicht wußte: Großvater hatte sich das mit dem Zunähen genau überlegt. Für einen Schlangenbeschwörer gab es drei Möglichkeiten: Brach man einer Kobra die Giftzähne aus, verendete sie meist sehr schnell an Mundfäule. Ließ man ihr die Zähne, starb man unter Umständen selbst an einem Biß – wenngleich das Risiko nicht allzu hoch war: Kobras sind nicht sehr schnell, und ihr Angriffsradius ist leicht zu kalkulieren. Der Risikofaktor war die menschliche Schwäche, wenn man übermüdet oder abgelenkt seine Arbeit tat. Zunähen, die dritte Möglichkeit, war da ein guter Kompromiß, schließlich hatte Ramesh mit ansehen müssen, wie ein Kollege eine ganze Nacht lang am Biß einer Kobra starb. So etwas schüttelt man nicht einfach ab. Und da Kobras in Gefangenschaft sowieso nichts fressen, sprach aus Rameshs Sicht wenig gegen die Versiegelung des Mauls. Die überwiegend weiße, zahlende Kundschaft kam dem Tier nie nahe genug, um die feinen Fäden zu erspähen. Und den Spott der Kollegen, die mit »scharfen« Kobras arbeiteten, sie gegen einen Aufpreis gar auf die Stirn küßten, steckte er lächelnd weg: »Ich bin der Älteste in meiner Zunft, und ich weiß, warum!«
Ramu, der von alldem nichts wußte und nur den mißhandelten Gott sah, biß sich die Lippe blutig: Auch Götter müssen essen! Opferte man ihnen nicht in allen Tempeln Mahabalipurams Orangenscheiben und Bergbananen? Wie konnte man einen Gott einfach hungern lassen, verhungern! Um dann nach kurzem, kundigem Streifzug durch die Strauchsteppe einen neuen Gott einzufangen, auch ihm den Mund zu verschließen … Hieß das nicht, Shiva aufs unflätigste zu verhöhnen?
In dieser Nacht hatte Ramu schlechte Träume: Ein rasender Shiva schwang eine Peitsche, die aus unzähligen Kobraleibern geflochten war, dazu krachte ein Donner, als ginge der ganze Himmel in die

Brüche, und Shiva trieb Großvater, Vater, Mutter und alle Geschwister ins Meer, gleich hinter dem Shore-Tempel am Mahisharusa-Felsen, wo die Irulas einmal im Jahr Kerzenschiffchen ins Meer treiben lassen.

Auch Rameshs Kobra lag unruhig in ihrem Korb. Ein Schauer lief über ihren langen Leib, der fast allen Glanz verloren hatte. Die stumpfe Schnauze stieß gegen die Maschen des Flechtwerks. Kein Durchkommen. Aber ein Befehl, der seit etlichen Millionen Jahren gültig war, besagte, sich zum Sterben an einen sicheren Ort zurückzuziehen. Dieser Ort hier war nicht sicher, jederzeit konnte man gegriffen werden. Die Zunge fand trotz der vernähten Schnauze ihren Weg durch das Flechtwerk, witterte und wand sich: Da war der Nachtschweiß von Menschen, die Schärfe von Hühnerkot, und da waren allerlei klebrige Gemeinheiten, für die es keine dazugehörigen Reaktionen in einem Schlangenhirn gab.

Als Ramu zwei Stunden vor Sonnenaufgang schweißnaß auf seinem Lager unter dem Verkaufstisch seines Vaters erwachte, wußte er, was er zu tun hatte.

Vielleicht hätte es eine unverstümmelte Indische Kobra nicht geduldet, daß sie jemand nachts, also zu ihrer angeborenen Jagdzeit, packte und aus dem Korbversteck hob. Aber Rameshs Kobra war nichts von der Kraft und Wachsamkeit ihrer Art geblieben; und selbst wenn sie bereit gewesen wäre zuzustoßen – das vernähte Maul hätte den Stoß zu einem hilflosen Schubser gemacht. Wieder würde der Feind vor ihr diesen Angriffstanz tanzen, wieder würde sie ihn mit aufgerichtetem Schild wegzudrohen versuchen, nur um dann abermals in den Korb gedrückt zu werden. Und doch war etwas anders als sonst: Es war Nacht. Noch nie hatte der Feind sie nachts herausgefordert. Nacht ist Schlangenzeit. Und anders war auch der Griff hinter den

Kopf, weniger hart, und die Gestalt, die sich über sie beugte, hatte nicht diese Ausdünstung von Übermächtigkeit.

Ramu legte sich den knapp zwei Meter langen Leib über die Schulter, drückte den kleinen Kopf gegen seine Brust und glitt, so geräuschlos er konnte, ins Freie. Er hatte keine Angst – wer Angst hat, befreit keinen Gott. Die Stunde war günstig, die Fremden waren längst in die Hotels zurückgekehrt, die Händler schliefen noch. Niemand sah den kleinen Schatten, der an den fünf Höhlentempeln vorbei ein Trockenbett hinaufstieg und in der Tiefschwärze eines Palmyrawäldchens verschwand.

Als Ramu den langen, überraschend leichten Leib zu Füßen einer Palme ins Gras gleiten ließ, polterten ein paar aufgeschreckte weiße Reiher aus ihren Nachtverstecken in den Baumkronen davon. Ramu erschrak, lachte dann aber und sagte: »Sie werden es allen Vögeln sagen, daß die Gottschlange zurück ist!« Nulla Panbu lag regungslos im Gras, und es war noch immer zu dunkel, um das leichte Zittern des Kopfes zu erkennen, das verriet, daß noch Leben in dem langen Leib war. Ramu hob die Entführte wieder auf und begann, mit einem rostigen Taschenmesser die Fäden aufzutrennen, mit denen das göttliche Maul vernäht war. Die Schlange ließ es regungslos geschehen, und als es getan war, sah ihr Maul fransig aus, wie das Maul der gelbflossigen Fische, die es bisweilen am Hafen zu kaufen gab.

Ramu blieb noch eine Weile neben der regungslosen Schlange hocken. Irgendwie erwartete er ein Zeichen. Nicht unbedingt eine Geste der Dankbarkeit, Götter müssen sich nicht bedanken, eher ein Zeichen der Zustimmung. Zwar hatte er keinerlei Zweifel, daß die Befreiung eines Gottes den Diebstahl einer Schlange aufwog, ja mehr als aufwog, aber die Bestätigung von irgendwoher wäre ihm schon recht gewesen. Würde jetzt zum Beispiel ein Hahn dreimal krähen, könnte das heißen, daß ihm drei qualvolle Wiedergeburten erspart blieben oder daß ihm später drei Söhne geboren würden, vielleicht sogar von der jüngsten Tochter des Petroleumhändlers, die offenbar noch nicht versprochen war … Oder es konnte bedeuten, daß ihm drei Tage im stinkigen Ziegenstall des Großvaters bevorstünden, angebunden, als Strafe für den Raub einer Schlange, die gutes Geld gebracht hatte.

Mahabalipuram erwachte. Ramu hörte das Scheppern aus den Teeküchen, ahnte von fern das Fauchen der Gaskocher. Und sicherlich würde er, wäre er erst wieder drunten, schon sehr bald das Wutgeheul des Großvaters hören. Nach einer Weile begann sich die Gottschlange zu regen, schob erst verhalten den Kopf etwas vor, öffnete dann halb ihr Fransenmaul, durch das sich, wie befreit, die dunkle Zunge schob. Schließlich griff die Bewegung, die bisher nur den kopfnahen Körperteil erfaßt hatte, auf den ganzen Leib über, und das Tier war fort. Ramu starrte auf die Stelle, wo die Gottschlange verschwunden war, schaute dann in den Himmel, der sich nun schon für den neuen Tag blau bezogen hatte. Es war fast sicher, daß Großvater ihn der Tat überführen würde, es war zu erwarten, daß es Schläge setzte. Er würde weinen, aber jede dritte Träne, mindestens jede dritte, würde eine Freudenträne sein. In den Geschichten aus der Zeit der Gottkönigskrieger war viel von heldenmütigen Kämpfern die Rede, nie von kleinen Jungen, und schon gar nicht davon, daß kleine Jungen in der Lage sein könnten, Götter zu befreien. Vielleicht, dachte Ramu, und der Gedanke machte ihn stark, vielleicht wird man bald neue Geschichten erzählen. Geschichten von Schlangen, die wieder zu den Menschen sprechen, weil ihnen ein Heldenknabe den Mund geöffnet hat.

Bua Chums Wälder

Als Cheng Whai am inneren Hafen festgemacht hatte, erwarteten ihn drei Uniformierte mit sehr wichtigen Gesichtern. Cheng Whai kannte das Spiel: Prinzipiell stand jeder Flußschiffer unter Verdacht, ein Drogenschmuggler zu sein. Und leider, das mußte Cheng Whai bei allem Ärger über die unablässige Filzerei zugeben, leider war dieser Verdacht nicht unbegründet. Aber als ihm dann die erste Frage gestellt wurde, bildete sich eine steile Zornesfalte auf seinem Pergamentgesicht und sein *chai yen*, seine kühle Gleichgültigkeit, drohte ihn zu verlassen. Er war nicht vergangene Woche 61 Jahre geworden, um sich hier, noch dazu nach einer hochgefährlichen Flußpassage, von so einem uniformierten Jüngling veralbern zu lassen.

Der Monsun hatte seine feuchten Umschläge um die Stadt gewickelt. Und Bangkoks Fluß, der Chang Phraya, schwoll in wenigen Stunden an wie die Bauchschlagader eines schwer arbeitenden Elefanten. Grüne Inselfetzen trieben in wilden Wirbeln zwischen den Lastschleppern, die sich schon im Dämmerlicht auf den Fluß gewagt hatten und sich nun mit aller Motorkraft gegen den Phraya stemmen mußten, um von der Stelle zu kommen.
An diesem Morgen stand Bua Chum schon vor dem ersten Tageslicht am Ufer und ließ den Rüssel kreisen. Die Fußkette erlaubte ihm nur dreieinhalb Elefantenschritte auf das Ufer zu. Und da stand er nun, als wäre er sein eigener Schatten.

Er sog die Luft ein, und ein Schauer lief von den Dreiecksohren bis zu den Schwanzfransen. Sein eisgrauer Schädel verfiel wieder in diese Pendelbewegung, die die Kinder unten im Vergnügungspark so schrecklich lustig fanden. Kinder wissen nicht, wie Elefanten trauern, und Erwachsene wissen es meist auch nicht. Schon gar nicht die Menschen, die sich tagtäglich, giggelnd und blitzlichternd, an seinen Flanken verklumpten. Und Buri, Bua Chums langjähriger Mahout (Elefantenführer) – wohl der einzige weit und breit, der diese Pendelbewegung richtig zu lesen wußte – Buri durfte sich darum nicht bekümmern. Denn Bua Chum war ein altes Tier, nicht mehr tauglich für die Plackerei mit den Teakstämmen im oberen Camp. Aber durchaus noch tauglich als Spendeneinsammler im Freizeitpark, wo Jungvermählte mit spitzen Schreien des Entzückens unter seinem Bauch herumkrochen – das verheißt Kindersegen! – und wo unentwegt Kinderhände seine Faltenhaut tätschelten. Die war stumpf und rissig geworden in den Tagen vor dem großen Regen, und die Ausdünstungen einer zu großen Stadt hatten Bua Chum die Poren verklebt. Die glücksverheißenden Ornamente auf beiden Flanken mußten jeden Morgen – es sei denn, der Monsun machte diese Arbeit sinnlos – mit Silberbronze und Rosafarbe nachgemalt werden. Bua Chum ließ es geschehen, alles lief an ihm ab, wie jetzt das warme Wasser des ersten Monsunregens. Seines ersten großen Regens, seit er in die Stadt zwangsumgesiedelt worden war. An seinen gefärbten Stoßzahnstummeln rann das Wasser hinab und fiel in dunklen Schminketränen zu Boden.

Als der alte Buri unter seiner Plastikplane erwachte und den vertrauten grauen Schatten dem Fluß zugewandt sah, fühlte er sich zu einer kurzen Ansprache bemüßigt – ungewöhnlich, denn normaler-

weise sprach Buri mit seinem Arbeitstier nur die nötigen Signal-
worte: »Ha, alter Kerl, ja, ja, du riechst unsere Waldberge. Aber du
bist alt. Und ich bin es auch. Die Stadt gibt uns beiden die Alten-
speise. Nicht der Wald, hörst du? Und hast du vergessen, daß dir der
Stamm runtergefallen ist und fast meinen alten Freund Munim er-
schlagen hätte? Ich weiß, dafür kannst du nichts. Keiner kann dafür,
daß er alt wird. Aber die Stadt, mein Freund, die Stadt ernährt uns,
auch wenn ich sie dafür nicht lieben kann, diese Stadt ohne nackte
Erde, die den Regen nicht trinken kann, obwohl sie durstig ist.«

Die vertraute Stimme erreichte Bua Chum dieses Mal nicht. Etwas
Sprühregenfeines legte sich auf seinen Schädel, über dem die Haut
vom Schieben und Drücken ungezählter Baumstämme weiß ver-
narbt war, wie die Zitzen der ausgemergelten, fast verhungerten
Hündinnen Bangkoks.

Diese Luftfeuchte verschleierte nichts. Sie entschleierte. Und mit
jedem nassen Atemzug stiegen Bilder auf, Elefantenbilder, die
selbst ein guter Mahout nicht lesen kann.

Bua Chum ließ die Kette leise klirren. Eine Kette klirrt anders während des Monsuns als unter tropischer Sonne. Den Unterschied hört
nur ein Elefant.

Es war der erste Monsun-Starkregen des Jahres in Bangkok, und es
war Bua Chums erster Monsun außerhalb der Wälder. In einer einzigen Nacht hatte er die Buddha-Gestalt auf Bua Chums rechter
Flanke und die Lotusblume auf der linken zu Dreivierteln verflüs-
sigt. Wie Blut lief die rote Farbe der Lotusblume durch die graugre-
riefte Haut, die Säulenbeine hinab und sammelte sich in zwei Pfüt-
zen. Ein schmerzlicher Anblick für Buri, denn ein unbemalter
Elefant gilt nur als minderer Glücksbringer und löst entsprechend
wenig Geberfreude aus.

Bua Chum schwenkte noch immer den Rüssel und sog die Luft mit all ihren Botschaften ein: blütenschwere Duftschwaden, darunter, wie in einer zweiten Schicht, der leicht faulige Brodem, der aus der Süße von zerfallendem Holz aufsteigt, das Ganze gesprenkelt von ätherischen Duftspritzern – der Fluß zerrieb das mitgerissene Blattwerk in einem Strudel unterhalb der Ufermauer. Bua Chum trank all diese Gerüche und spürte plötzlich nicht mehr den ziehenden Dauerschmerz in den Gelenken – Folge einer besonderen Bosheit: Die Betonstraßen Bangkoks stießen das eigene Gewicht mit jedem Schritt in die Gelenke zurück, bis der ganze altersschwere Körper schrie. Nach innen schrie.

Am übelsten aber waren die Tata-Lastwagen, die ihm ätzende Rauchschwaden entgegenhusteten, wenn er allmorgendlich die lange Isarphab-Straße hinunter mußte auf dem Weg zum Amüsierpark. Ein einziges Mal hatte Bua Chum versucht, sich zu wehren und einem Tata den Seitenspiegel abgebrochen. Es hatte einen Riesenauflauf gegeben, und Bua Chum mußte den Spiegel zurückgeben. Er tat es widerwillig.

Oh, diese schwarzen Tata-Wolken, die sich beißend in seinem Inneren niederschlugen, nachdem sie zuvor wie heiße Asche im Rüssel brannten. Ein Schmerzgeruch wie damals vor Jahrzehnten, als er, für wenige Momente von seiner Mutter unbewacht, heiße Asche an einer Feuerstelle eingeatmet hatte.

Alle Übel schienen heute morgen fortgeschwemmt, und der gurgelnde, schwappende Fluß erzählte von lauter guten Dingen: der fächelnden Kühle nach harten Arbeitstagen, wenn die Rückenschmerzen vom Übergewicht der Baumstämme sich schon in der ersten Strophe des Regentropfenliedes verloren. Und wenn ein besonders schwerer Tag hinter ihm lag, gab es gehäckselte Bambusblätter und süßliche Knollenwurzeln, die einen angenehmen Schwindel aus dem Magen in den Kopf aufsteigen ließen.

Eine gewisse Spanne Zeit war Bua Chum der Chef aller Arbeitselefanten am oberen Camp gewesen. Der Bulle der Bullen. Doch dann kam ein grauer Riese, der alles überragte und dem alle aus dem Weg gingen, sogar die Menschen. Nur Munim, Buris Freund, konnte den Koloß bewegen, als sei er ein schwebender Ballon an der Hand eines Kindes. Der Riese hatte am Tag seiner Ankunft im oberen Camp nur einmal knapp seine Stirn gegen die Bua Chums gedrückt und damit war alles gesagt. Es gab keine Nachfragen.

Das alles und vieles mehr lag wie hinter einer Wand. Einer Wand, die nun der Regen transparent machte wie feuchte Seide. Buri hatte Bua Chum von der Kette freigeschlossen und bedeutete ihm mit einem kurzen Kommandoruf, er möge ihm mit dem Rüssel die übliche Aufstiegshilfe geben. Aber Bua Chum stand unbewegt, und auch als der Befehl laut gebellt wurde, nahm er ihn nicht wahr. Und das geschah das erste Mal in vielen, vielen Jahren gemeinsamer Arbeit. Der Befehl war nurmehr ein unbedeutendes Geräusch, wie das Rascheln des Laubs in den Trockenwäldern am Fuße des immerfeuchten Bergdschungels. Bua Chum setzte sich in Bewegung. Nicht südwärts, wo die Tatas schon wieder die Straßen verstopften und die Luft schwarz furzten, sondern nach Norden. Im schmal gesetzten Paßschritt hatte er den großen Körper auf die Ufermauer geliftet und balancierte flußaufwärts. Stadtauswärts.

Sein Mahout stimmte nach kurzer Schreckstarre ein wildes Gezeter an. Bua Chum hörte es nicht, er hörte nur Geräusche, die ihn nicht mehr betrafen, sie waren nebensächlich, wie das Knacken von brechendem Schwachholz bei der Arbeit … jetzt nur den Fluß hinauf, dem Duft der oberen Wälder entgegen.

Die grünen Inseln, die ihm entgegengewirbelt kamen, waren die Signale, die Versprechen, auf die Bua Chum jetzt hörte. Auf manchen dieser Abgesandten des Waldes standen Kuhreiher. Und ein menschlicher Beobachter des kopfruckenden Elefantenlaufes hätte meinen können, Bua Chum nickte den Reihern zu. Wo Reiher sind, konnte auch das große grüne Dach nicht fern sein.

Eine Frau, die schon mit dem ersten Licht ihre Wäsche über die Kaimauer gebreitet hatte, mußte es geschehen lassen, daß ein graues Ungetüm darüber hinwegschlurfte. Sie trug es mit Fassung. Elefanten sind Glücksbringer.

Bua Chum hatte die Welt um sich herum verlassen. Der hinter ihm im Falsett kreischende zweibeinige Gefährte so vieler Jahre war nichtssagend wie ein kläffender Köter. Der alte Bulle folgte nur der Aufforderung der vorbeiwirbelnden grünen Inseln.

Dort, wo die Kaimauer zurückwich, um einer Brücke Raum zu geben, drehte der Flüchtige kurz seitlich ab, bahnte sich einen Weg durch das stinkende Blech und schwenkte sogleich wieder auf die Kaimauer zu. Nur wenige bemerkten, daß dem Elefanten mit dem abstrakten Aquarell auf den Flanken kein Mahout im Genick saß.

Der Wirbeltanz der Inseln – einige verhakten sich am Ufer zu fragilen Landzungen – ging wie eine Musik in die alten Elefantenknochen. Erstmals seit drei Monaten, seit seiner Ankunft in der stinkenden Steinwüste, hatte Bua Chum wieder den rollenden Schlenkergang seiner Art, er verjüngte sich mit jedem Schritt, und an einer Stelle, an der vertriebene Bergbauern aus dem Norden ihre Elendshütten bis halb über die Kaimauer hatten wuchern lassen, tänzelte er durch den Verhau der Stützbalken, ohne einen einzigen zu berühren.

Die Rufe seines Mahouts waren zu einem stimmlosen Gekrächze erstorben, und als Bua Chums Schritt noch länger wurde, ließ sich Buri, eine schauerliche Verwünschung hechelnd, zu Boden fallen: Der Körper eines alten Mannes ist zweifellos greisenhafter als der eines alten Elefanten.

Mit jedem Elefantenschritt fiel die Pein der vergangenen Monate ab: das Stehen in glühender Sonne, ohne ein kühlendes Wasserloch weit und breit oder wenigstens leichte Erde, die man sich über den Rücken blasen konnte … oh, dieses Stehen in der Glut, während kichernde Menschenmassen unter seinem Bauch herumzappelten. Oder der Druck der Tragegondel, vollgestopft mit wippenden Kindern … und all das war noch erträglich gewesen, gemessen an der Gemeinheit der Tatas, dieser ewig giftrülpsenden Tiere ohne jeden Respekt.

Die Lastschuten, die jetzt schon in größerer Zahl den Strom bedeckten, schossen im aberwitzigen Tempo meerwärts. Stromauf dagegen schienen sie nicht von der Stelle zu kommen, und die Stahltrossen, die sie mit den Schleppern verbanden, peitschten gewehrschußartige Geräusche über den Strom. Doch all das registrierte Bua Chum nicht, er sah nur den Reigen der schwimmenden Inseln, lauter Versprechen an seine abgasverätzte Nase. Gerüche besserer Tage.

Buri hatte unterdes einen Rikschamann erweichen können, ihn wieder auf gleiche Höhe mit seinem flüchtigen Besitz zu bringen. Daß er den Gefährten, den er schon verloren wähnte, nun doch wieder vor sich sah, setzte einen letzten Rest von Energie und Entschlußfreude frei. Von einem protestierenden Melonenhändler, der gerade seinen Stand aufbaute, griff er sich eine lange Stange, mit der er, mit letzter Kraft vorwärtsstolpernd, Bua Chum hinter dem

Ohr ein unmißverständliches Signal zu setzen versuchte. Das mißlang. Bua Chum beförderte das Holz beiläufig ins Wasser, und Buri fiel erneut und diesmal endgültig zurück, zumal sein Elefant nun übergangslos in einen federnden Schnellschritt gefallen war. Eine Horde kreischender Kinder, die das Schauspiel begeisterte, verfolgte Bua Chum, solange die kurzen Beinchen sie trugen.

Bua Chum lief, lief und lief, und der Backstein der Kaimauer schien unter seinen Tritten zu federn wie der Dschungelboden am oberen Camp. War da vorn nicht schon das Blätterdach, kam dieses grünliche Blinken nicht von dem Tümpel mit den kleinen Vögeln, die einem allerlei Geschmeiß aus den Hautfalten pickten, Elefantenläuse vor allem, und war dies nicht die Abenddämmerung zu einer der singenden, pochenden, flötenden Nächte? Und kein Tata weit und breit.

Auf der Phra-Pinklao-Brücke hatte man eine Sperre errichtet. Bua Chum teilte sie mit zwei Schlenkerbewegungen seines Rüssels, ein alter, mit Stahlspitzen besetzter Holzbalken, der wohl schon zur Kolonialzeit Fluchten hatte verhindern sollen, schepperte auf ein neues Polizeiauto, und Bua Chum hatte bereits die andere Straßenseite erreicht, von wo aus er abermals zum Fluß abtauchte. Irgendwer schoß irgendwo in die Luft.

In Höhe der ehemaligen Gerberei war der Damm bröckelig. Bua Chum schwenkte in die uferbegleitende Seitenstraße, in der jetzt schon Menschenmassen in der Normalpulsfrequenz der Stadt vorwärtsgespült wurden. Dem eiligen Elefanten wich man aus, unaufgeregt, aber respektvoll.

Buri war an der Stelle zusammengebrochen, an der seine Attacke mit der Stange mißlang. Nach Luft ringend, eine Hand auf das Herz gepreßt und nun fast stimmlos, krächzte er einem Uniformierten schwer Verständliches zu, um dann übergangslos in Bittgesänge zu verfallen, von denen er selbst nicht wußte, daß er sie noch kannte. Hatte er seinen Elefanten nicht zeitlebens gut behandelt, hatte er ihn nicht noch vor wenigen Wochen mit einem teuren Amulett behängt, hatte er sich nicht jeglicher Härte mit dem Eisenhaken, den nur schlechte Mahouts gebrauchten, enthalten? Welcher unsaubere Geist war in den alten Bullen gefahren?

Dort, wo der Mittlere Stichkanal in den Fluß mündet, mußte sich Bua Chum entscheiden. Es gab keine Brücke, und das Wasser, das hier aus dem Bauch der Stadt kam, roch gemeiner noch als die Rückseite der vielen Fischkioske. Aber voraus auf dem großen Fluß kreiselten die Inseln, die Abgesandten des großen Waldes.

Bua Chum drängte in die Flut, eine kurze Weile hielten ihn schnelle Rudertritte auf Kurs, dann faßte der Phraya nach ihm und zog ihn hinaus in den Hauptstrom. Eine Grasgirlande umringelte den hochaufgerichteten Rüssel, dessen Spitze wie ein Finger gen Himmel zeigte, und Bua Chum spürte jetzt trotz der übergroßen Anstrengung eine tiefe Elefantenruhe. Hinter der weißen Stirn, auf der sich die Schlammflut des Phraya-Flusses brach, erblühten Bilder von wunderbar federndem Boden, Elefantenerde … das Plong-Plong der Tropfen unter dem Blätterdach hörte er, nachdem der Mittagsregen vorüber war … das gesellige Rüsselringeln mit Toba, dem Einzahn oder mit Rai, dem Hinker … und da war auch wieder die Wohltat des Abendwindes, nachdem einem der Tagesschweiß abgewaschen war … und schließlich das gesellige Nachtlager, wo die Magengeräusche der Nachbarn einen in den Schlaf brummten … Alles war gut.

Der flußkundige alte Cheng Whai, der an diesem Morgen mit einer Doppelschute voller Edelhölzer, dem Wocheneinschlag aus dem oberen Teakholz-Camp, den Fluß herabgeritten kam, sagte später, nachdem er sich davon überzeugt hatte, daß ihn die Uniformierten nicht mit einer Scherzfrage entehren wollten: Nein, einen Elefanten hätte er nicht gesehen. Ja, so ein Schlag wäre da gewesen. Nicht wie von einem Holzstamm, eher wie von einer der treibenden Hütten, die sich der Fluß zu Beginn des Monsuns gern von den Ufern holte. Ja, daran könne er sich erinnern. So ein dumpfer Schlag wäre das gewesen.

Eine Danksagung

*I*ch glaube, es war Mittsommer 1983. Sicher aber war es im Süd-Münchener Biergarten Groß Hesseloh, wo an heißen Sommertagen Dixilandmusik zur Maß gereicht wird. Und ich bin sicher, daß die Kastanienblätter an diesem Tag das Licht aufs Feinste grünfilterten.

Horst Stern hatte über Brezen und Bierschaum hinweg über die Dreharbeiten an seinen beiden legendären Spinnenfilmen gesprochen: Wie sie damals, von der Faszination der Spinnen trunken, mit den einigermaßen gefährlichen Schwarzen Witwen vor der Kamera rumhantierten, als wären sie deutsche Winkelspinnen, und wie sie dann plötzlich über ihre Unachtsamkeit erschraken – der kongeniale Kameramann Hirschel und er. Und plötzlich glitt Stern – damals der Leitstern einer ambitionierten Ökoredaktion – ins allgemein philosophisch Weltschmerzliche ab. Etwas, das ihm nicht eben oft passierte. Ich erinnere mich nur an dieses eine Mal.

… was sie denn wohl schon groß gebracht hätten, pah!, all seine hochgelobten und höchstdekorierten Filme, fragte er sich wie in einem klassisch griechischen Monolog. *Sternstunde? Haaaah! Das waren doch eher Sternschnuppen, die von der umgebenden Dunkelheit vollends getrunken wurden? Irrlichter im kältetoten Raum …*

Schließlich verdichtete sich sein extemporierter Essay zu in einem einzigen Satz: *Immerhin! Ich habe dem Boxerhund die Schlägermütze abgenommen … immerhin das!*

Das Bild braucht eine kurze Erklärung, denke ich. Nicht alle kennen noch diese unsäglichen Tierbildchen, wo man Hunden Hüte aufsetzte, Katzen Röcke anzog, wo Tiere zu Pausenclowns pervertiert wurden, zu Fast food fürs Kitsch-Feuilleton.

Stern hat mit seinen Filmen über Rot- und Gamswild, Pferde, Schweine, Bienen, Versuchstiere, Hunde, Hühner sicherlich in Deutschland eine Zeitenwende für Tiere bewirkt, mehr als Grzimek oder Sielmann, deren Lebenswerk hier nicht gegen Stern kleingewogen werden soll.

Was die TV-Sternstunden so unvergleichlich machte, war, daß Tiere uns in ihren eigenen Rechten und ihren eigentlichen Möglichkeiten entgegentraten. Da grämte sich keine Vogelmutter über ein ausgeräubertes Nest, da empfand kein Hirsch kriegerische Gefühle am Brunftplatz. Den süßlichen Tierschutz – nicht den Tierschutz überhaupt – empfand er immer als unerträgliche, klebrige Melange, als die Verwechselung von Selbstliebe und Spaß an Tierkindern mit Tierliebe. Die einzig vertretbare Grundlage für Tierliebe sei Tierwissen, so Stern. Und so filmte und schrieb er. Schreibt noch heute, und viele sagen, besser denn je.

Schilderung aus solidem Wissen heraus. Die Sprachmeisterschaft, ist da nur (nur?) der Glanz auf dem Werkstück, nicht die Sache selbst, nicht Selbstzweck. Die Sache selbst war und ist das perfekt präsentierte Wissen.

Daran will ich mich nicht messen müssen. Es täte der eigenen Eitelkeit zu weh.

Aber dem Motto »dem Boxerhund die Schlägermütze abnehmen« mag ich mich verpflichtet wissen. Tiere Tiere sein lassen! Sie lieben, ohne sie mit Zuckerwasser zu bespritzen. Mit ihnen fühlen, ohne daß einem die Gefühle – die man bekanntlich, verdammt noch mal, leichter an Tierkinder als an Menschenkinder hängt – an die Tränensäcke greifen.

Es ist Zeit, Dank zu sagen, und ich maße mir an, es hier im Namen einer Generation von Grünen (Grünen im weitesten Sinne) zu tun, die mit ihrem Natur- und Umweltengagement mehr auf Sterns Schultern steht, als sie das je bemerkt hat. Danke, also … auch wenn Du den Dank vermutlich wegknurren wirst.

Claus-Peter Lieckfeld   Windach, im Juli 1996

Carl-Albrecht von Treuenfels
Unter Pandas und Pinguinen
Reportagen aus der bedrohten Natur
ISBN 3-89136-511-X

»Treuenfels ist ein genauer Beobachter und unterhaltsamer
Erzähler. Er versteht es, an seiner Begeisterung bei der
Naturbeobachtung den Leser teilhaben zu lassen... Viele der
Fotografien in diesem Band kann man nur meisterhaft nennen.«
Frankfurter Allgemeine Zeitung

Wally und Horst Hagen
Das Buch der Löwen
ISBN 3-89136-461-X

»Morphologie und Sozialleben, Jagdmethoden und
Verständigung, Fortpflanzung und Jungenaufzucht –
nichts fehlt in diesem Werk. Über die ausgezeichneten Fotos
(sämtlich von den Verfassern) freut man sich ganz besonders.«
kosmos

Karl Kock
Elefanten – Mein Leben
Aufgezeichnet von Burghard Bartos
ISBN 3-89136-498-9

»In seinem Buch ›Elefanten – Mein Leben‹ erzählt er
seine Erlebnisse und Erfahrungen aus vier Jahrzehnten
mit den tonnenschweren Dickhäutern.«
Hamburger Abendblatt

RASCH UND RÖHRING VERLAG